# 探访
# "一带一路"

## Exploring the
## Belt and Road

陈 曦 著

五洲传播出版社

**图书在版编目（CIP）数据**

地图上的中国. 探访"一带一路" / 陈曦著. -- 北京 : 五洲传播出版社，2024.12
ISBN 978-7-5085-4596-7

Ⅰ. ①地… Ⅱ. ①陈… Ⅲ. ①中国－概况②"一带一路"－国际合作 Ⅳ. ①K92

中国版本图书馆CIP数据核字（2021）第222256号

**探访"一带一路"**

作　　者：陈　曦
图　　片：图虫创意
出 版 人：关　宏
责任编辑：苏　谦
装帧设计：山谷有鱼　张伯阳

出版发行：五洲传播出版社
地　　址：北京市海淀区北三环中路31号生产力大楼B座6层
邮　　编：100088
电　　话：010-82005927，82007837
网　　址：www.cicc.org.cn，www.thatsbooks.com
印　　刷：北京中石油彩色印刷有限责任公司
版　　次：2024年12月第1版第1次印刷
开　　本：1/20
印　　张：6
字　　数：100千
定　　价：48.00元

# 探访 "一带一路"

Exploring the Belt and Road

# 目 录

# 前　言···

公元前138年，西汉都城长安（今陕西省西安市），宫廷侍从官张骞辞别汉武帝，率领由100多人组成的使团骑马西行。

豪情满怀的张骞，一心一意想着完成汉武帝交给的任务：前往西域，找到大月氏国，说服大月氏联合汉朝共同对抗匈奴。他不会想到，自己此行将要在12年后才能重返长安；更不会想到，自己将会以"凿空西域"、开辟丝绸之路第一人的身份名扬千古。

在漫长的历史长河中，这条横贯欧亚大陆的道路，曾经被赋予"玉石之路""毛皮之路""香料之路"等多种称呼。人类早期贸易活动的很多货物，都曾在这条古老的道路上流通。1877年，德国地理学家李希霍芬为这条漫长之路取了个如诗如画的名字：丝绸之路。

与陆上丝绸之路并行的，还有一条重要的中外交通贸易通道——海上丝绸之路。在这条海上交通路线上，大宗的货物通过船只、借助信风，往来穿梭于太平洋西海岸和印度洋。

千百年来，通过陆上丝绸之路和海上丝绸之路这一具有全球性的交通网络，人们从事贸易沟通、文化交流，相互学习、互相借鉴。古丝绸之路推动了东西方文明交流互鉴，积淀了以和平合作、开放包容、互学互鉴、互利共赢为核心的丝路精神。如今，绵亘万里、延续千年的古丝绸之路，正在焕发新的生机。

2013年9月7日，中国国家主席习近平在哈萨克斯坦纳扎尔巴耶夫大学发表题为《弘扬人民友谊　共创美好未来》的演讲，提出共同建设丝绸之路经济带的倡议。2013年10月3日，习近平主席在印度尼西亚国会发表题为《携手建设中国—东盟命运共同体》的演讲，提出共同建设21世纪海上丝绸之路的倡议。

丝绸之路经济带和21世纪海上丝绸之路简称"一带一路"。共建"一带一路"倡议，创造性地传承弘扬古丝绸之路这一人类历史文明发展成果，并赋予其新的时代精神和人文内涵。

十年来，在各方的共同努力下，共建"一带一路"从中国倡议走向国际实践，从理念转化为行动，从愿景转变为现实，从谋篇布局的"大写意"到精耕细作的"工笔画"，取得实打实、沉甸甸的成就，成为深受欢迎的国际公共产品和国际合作平台。

十年来，共建"一带一路"不仅给相关国家带来实实在在的利益，也为推进经济全球化健康发展、破解全球发展难题和完善全球治理体系作出积极贡献，开辟了人类共同实现现代化的新路径，推动构建人类命运共同体落地生根。

作为长周期、跨国界、系统性的世界工程、世纪工程，共建"一带一路"的第一个十年只是序章。从新的历史起点再出发，共建"一带一路"将会更具创新与活力，更加开放和包容，为中国和世界打开新的机遇之窗。

01

# 古代丝绸之路

敦煌壁画《张骞出使西域图》

## 张骞凿空丝绸之路

　　西汉史学家司马迁根据张骞的经历，写出《史记·大宛列传》，这是中国历史上第一篇详细记载西域的文献。司马迁称赞张骞出使西域为"凿空"，意思是"开通大道"。

　　西汉建元二年（公元前139年），汉武帝派遣张骞出使西域，由此开辟了以首都长安（现陕西西安）为起点，经甘肃、新疆，到中亚、西亚，连接地中海各国的陆上通道。19世纪，德国地理学家李希霍芬在其著作中命名为"丝绸之路"。

　　远在3000多年前的商周时期，中国的养蚕业发展已很普遍，人们已能织出美丽的丝绸。在公元前6世纪，中国丝绸就已传入古希腊，中国因此被古希腊人称为"丝国"。来自遥远东方的丝绸令中亚以及西方都趋之若鹜，也激发了他们对于东方的渴望。

　　公元前6世纪中期，波斯帝国逐渐崛起，修建的"御道"大大改善了古代亚欧交通状况，完成了"丝绸之路"概念中段的交通。公元前334年，马其顿帝国崛起，波斯帝国灭亡，亚历山大东征扩展疆土，在今天的印度半岛北部修建了亚历山大城。这就意味着，"丝绸之路"概念的西段和中段，实际已经贯通，只是没有到达"西域"即中国甘肃玉门关、阳关以西，葱岭（今帕米尔高原）以东，巴尔喀什湖东、南及新疆的广大地区。而从西域到中原的"最后一千米"，就是张骞完成的。

当时在中国境内，存在着许多割据政权和游牧部落，汉王朝的统治范围主要在中原地区。在汉王朝统治区域北部，生活着一支强大的游牧部落——匈奴，他们是汉朝最大的敌人，经常袭扰边境。汉武帝决定联合周边诸多小国结成军事联盟，共同抗击匈奴，其中最主要的国家就是大月氏国。

然而，张骞率领的使团刚刚到达河西走廊，就被匈奴的骑兵团截获，无一幸免。张骞作为俘虏被打发到荒漠里放羊。在整整11年后，张骞和向导才逃出了匈奴的控制。

脱险后的张骞并没有向东返回长安，而是牢记多年前汉武帝赋予的使命：寻找大月氏国。张骞在向导的帮助下，历经千辛万苦，穿过今天新疆境内的诸多西域小国，越过葱岭，到了大宛（今乌兹别克斯坦境内），又辗转康居（今哈萨克斯坦境内）到了大夏（今阿富汗境内），好不容易找到了大月氏部族。

然而大月氏人经过十几年的迁徙，已经安居乐业，不想再参与战争。张骞苦苦劝说未果，只得回到长安，此时，距他出发已经过去了整整13年。

张骞此次出使西域并没有达成政治军事目的，但却带回了中原人从未听说过的西域诸国自然、人文情况，就连汉武帝也对他讲述的西域故事充满了好奇。张骞从此成为一部"西域百科全书"，他凭借自己对西域的了解，帮助汉朝军队收复了大量被匈奴占据的地区。出使西域之前只是普通郎官的张骞，被封为"博望侯"，即"博广瞻望，见多识广"之意。

收复大量失地后，公元前119年，汉武帝决定再次派遣张骞率300多名随行人员出使西域，联络乌孙国。此时，前往西域的必经之路河西走廊已经被汉朝控制，张骞的使团再无性命之忧。张骞一行通过天山北麓，到达乌孙国。逗留期间，他派副手到达于阗、大宛、康居、大月氏、大夏、安息、身毒诸国。

庞大的中原使团受到沿途各国的热烈欢迎，张骞送出很多中原的礼物，又带回很多西域的物产，包括乌孙在内的很多国家都派人随使团来到长安访问和进行贸易。西汉宫苑里，有了原产地中海的葡萄和原产西亚的石榴；汉武帝的上林苑里，有了身毒的孔雀、大象，安息的狮子、鸵鸟；长安的街头，出现大批高鼻梁、蓝眼睛的胡人客商；皇帝宫殿未央宫的乐团中，引进了胡笳、琵琶、箜篌等外来乐器。

数十年后，汉朝建立西域都护府，驻守在乌垒城（今新疆轮台东北），成为中国在葱岭以东、巴尔喀什湖以南的广大地区正式设置行政机构的开端。

伟大的丝绸之路，从此全线贯通。

# 陆上丝路的起点：西安

　　1300多年前的一天清晨，唐朝都城长安（今陕西西安），身着盛装的各国使臣走进皇宫大明宫的丹凤门，出席大唐皇帝唐玄宗举办的外交宴会。除了文武大臣，王维等一众诗人也受邀参加了这场盛会。诗人们各显神通，尽展才学。看到各国使臣进宫的盛况，王维文思泉涌，出奇制胜："绛帻鸡人报晓筹，尚衣方进翠云裘。九天阊阖开宫殿，万国衣冠拜冕旒。"意思是：头戴红巾的卫士不住报说寒夜欲晓，尚衣官员给天子呈上了翠绿的云裘。万国使节在曙色中走进恢宏的宫殿，向加冕悬旒的皇帝叩头。而当各国使节与大唐皇帝在金碧辉煌的大殿里觥筹交错的时候，外国商人正在烟火气息浓郁的"西市"与大唐百姓展开贸易。

　　当时的长安，已经成为生活着数十个国家使节、商人的国际大都市，有"百万人口，十万胡人"的说法。这些胡人多是通过丝绸之路前来的来自粟特（今中亚五国境内）、波斯（今伊朗）、大食（今阿拉伯地区）的"胡商"。长安集市上流通的货币，除了唐朝的货币，还有萨珊（今伊朗地区）等地的货币。生意赚了钱，或者为准备赚钱进行"宴务宴请"，他们往往都会选择在胡人开设的茶酒铺里喝上一杯。这些茶酒铺里常有粟特、波斯和大食等地来的舞女，她们妆容精致，捧着酒具向客人的酒杯里倒上鲜红的葡萄酒。与此同时，唐朝的一个个商旅团队，也纷纷从长安出发，前往西域。

　　同样位于长安城内的大雁塔内却显得清冷寂寞，与西市灯红酒绿的场景大相径庭：大唐著名僧人玄奘正在率领徒弟翻译从天竺（今印度）带回的厚厚的佛经。大雁塔就是为保存玄奘经丝绸之路带回长安的佛经和佛像而修建

　　的。为了这些佛经，玄奘操劳一生，最终长眠于长安市郊的兴教寺内。

　　佛教在西汉晚期经丝绸之路从今天印度北部的贵霜帝国传入西域，东汉时由西域传入中原地区。玄奘西行取经与弘法，推动了丝绸之路的发展和中印文化交流。唐朝都城长安也因而成为世界佛教中心之一，上自皇帝、贵族、士人，下至庶民，礼佛供养成风。从此，佛教与华夏文明交融，在中国本土逐渐世俗化，汲取了很多中国元素，也作为重要的组成部分参与到中华文化建构中。

　　长安，自张骞"凿空西域"便开始成为丝绸之路的起点。1—2世纪，罗马、安息、贵霜和中国汉朝四大帝国自西向东通过丝绸之路建立起联系。中国的丝绸、铁器、桃子、杏等，安息帝国的葡萄、石榴、鸵鸟等，贵霜帝国

位于丝路起点西安城中心的大雁塔，是由玄奘主持修建的。

的金币和罗马帝国的玻璃器等，在丝绸之路上往来不绝。

　　3—5世纪，欧亚大陆北方的草原游牧民族纷纷南下，欧亚大陆的四大帝国相继解体，但丝绸之路并未中断。十六国至北朝时期的多个政权建都长安，长安仍然是东西方丝路贸易交往的重要枢纽。大量居住在中亚的粟特人从中原购买丝绸，从西域运进玉石、玛瑙、珍珠等，通过贩运赚取高额利润。

　　唐朝早期是整个丝绸之路的鼎盛时期。其后，唐政权内乱，国力衰微，失去了对西域诸国的控制，丝绸之路逐渐没落。但丝绸之路曾经的辉煌并不会湮没在历史长河中，被选为"一带一路"国际合作高峰论坛标识主图案的大雁塔，依然矗立在西安；而当年张骞凿空带回的石榴花，已成为西安市花，每年春天绽放在西安街头。

# 震惊世界的敦煌

丝绸之路开通约500年后，公元366年，敦煌鸣沙山出现了一个孤独的人影，手拄法杖，踏着沙海，一路走来。

他名叫乐僔，随着佛教东行的脚步来到此地。当乐僔站在鸣沙山上远眺时，只见对面的三危山竟笼罩在一片金光灿烂中，仿佛万佛现身。他心受感召，决定在崖下的岩壁中凿出一个洞窟，于此修行。最初洞窟极其狭小，只能勉强容纳乐僔一人。但对于避世苦修的僧侣来说，这已经足够了。

这里，就是后来响彻世界的敦煌。

位于今天甘肃省的河西走廊玉门关，是中国古代"西域"概念的最西端，而敦煌则位于玉门关以南的100千米处，是丝绸之路的十字路口，犹如迎来送往的驿站。起源于西汉的丝绸之路，至乐僔所在的魏晋时期已经比较通畅。无论是由东向西还是由西向东，无论是取道路途较长的北部路线还是较为难走的南部路线，敦煌都是必经之地。

东晋以后，佛教开始在中国走向兴盛。越来越多的僧侣追随乐僔的脚步，由东向西来到河西走廊，依山就势，在岩壁上开凿石窟。敦煌因其适宜开窟的地质结构——砂砾岩，而受到僧侣们的格外青睐。随着僧侣们传播教义的脚步，石窟在丝绸之路沿线遍地开花。

佛教在中原大地得到流传，很多虔信佛教的商旅由西向东路过此地，稍事休息的同时，也会继续在此开窟造像，以求佛法保佑。

砂砾岩有利于石窟的建造，却并不适宜雕刻，于是，泥塑和壁画成为敦煌艺术的主流。早在6世纪，敦煌壁画中就出现了丝绸之路商旅图，描绘了丝绸之路上的商旅往来，展现了当时丝路古道上的东西方交往情况。

壁画是敦煌最引人瞩目的艺术。　▶

　　敦煌的第一批建造者由东向西前来。敦煌前期的塑像，结合古希腊、波斯和印度的艺术元素，色彩艳丽，人物鼻梁高耸，西域色彩浓厚。数百年后，佛教开始在中原扎根，繁盛一时的佛教威胁到当时割据政权的统治，灭佛行动开始。但由于敦煌地理位置偏远，不仅没有受到灭佛行动影响，反而成为中原僧侣和信徒的避难所。从各地前来避难的工匠们格外珍惜尊佛的机会，以朴素的色调，打造合乎东方审美的神祇，佛像从此拥有了中原人的样貌和特征。

　　隋唐时期，统一政权建立，皇帝在全国弘扬佛教，日益高大的敦煌佛像展现出了绝对自信的中国风格：有的佛像双眼微合下视，略含笑意；有的佛像慈目低垂，面相丰圆。雕刻技法逐渐臻于完善，一些细节也作了调整：比如早期的壁画中，有些佛像嘴边画着胡子，这直接源于印度风情，后来受中原文化影响，嘴上的几撇胡子就渐渐消失了。

　　然而唐王朝的盛世荣光没有持续多久，就发生了内乱。由于唐王朝调动西北部主力部队去平定叛乱，781年，来自青藏高原的吐蕃政权攻占了敦煌。吐蕃政权仅仅占

敦煌壁画的演变过程，也是东西方艺术不断融合的过程。

据敦煌几十年，而后，回鹘、西夏等政权都曾短暂占领敦煌，又陆续撤出。其间，各种石窟不仅未曾停止营造，还积极吸收着时代给予的营养。同时，敦煌作为丝绸之路最重要的一站，外来文化仍然纷至沓来：五代十国时绘制的菩萨身着遍布西亚花纹的长袍，西夏时代绘制的菩萨身着印度婆罗教式的"紧身衣""超短裙"……林林总总，组成一部活灵活现的"丝绸之路服饰图鉴"。

到14世纪的元朝，随着海上丝绸之路的开辟，陆上丝绸之路渐归沉寂，敦煌的石窟开凿彻底停止。它用 735 个洞窟、4.5 万平方米的壁画、2415 尊彩塑，见证了丝绸之路黄金时期东西方文化从相遇、相知到融合的全过程。它的美与震撼力，无可比拟。

国际著名东方学大师、北大终身教授季羡林评论道："世界上历史悠久、地域广阔、自成体系、影响深远的文化体系只有四个：中国、印度、希腊、伊斯兰，再没有第五个；而这四个文化体系汇流的地方只有一个，就是中国的敦煌，再没有第二个。"

# 黄金腹地的古文明

张骞出使西域，让中原人了解到遥远的西域不单是茫茫昆仑和万顷流沙，在星罗棋布的沙漠绿洲上，还有着众多美丽的城邦国家。在中国古代，有"西域三十六国"之说，这只是虚指，其实新疆地区自史前至明清时期的古城遗址多达约370个，其中汉唐古城为255个。

在这些西域古国间穿行的丝绸之路，并不是一条笔直坦荡的大道，而是由密如蛛网的道路组成，根据绿洲、沙漠的变化，以及沿线诸国的政权更迭，分成数不胜数的分岔和支路。丝绸之路在新疆就分成了中道、南道、北道三条道路：中道沿塔克拉玛干沙漠北缘，经罗布泊（楼兰古国）、吐鲁番（交河故城）、库车（龟兹古国）、喀什到费尔干纳盆地，前往伊朗（波斯）；北道经哈密、伊宁前往西伯利亚；南道沿塔克拉玛干沙漠南缘，经若羌、和田等地至帕米尔高原（葱岭）进入印度半岛。每条线路上的每个古国、每座古城，都是神奇的历史宝库，它们一度消失在历史的尘烟中，又在近现代神奇现身。

1900年的一天，瑞典探险家斯文·赫定率探险队沿着干枯的孔雀河河床来到罗布泊荒原，晚上停下宿营。忽然，他们发现身边丢失了一件至关重要的东西——用来挖水的铁铲，便立即让熟悉地形的维吾尔族向导艾尔迪克出去寻找。

艾尔迪克找到铁铲准备返回时，沙漠里突起风暴，他被风吹着不知跑了多远。狂风平息后他停下脚步，发现眼前出现了灰色城墙、斑驳古城、残破房屋、荒废烽火台，脚下散落着古币和雕塑残片。他将这幅奇异图景和相关文物情况汇报给斯文·赫定。一年后，考古发掘确认，这就是1000多年前西域长史府所在地，是丝路中道中原王朝统治西域的中心——楼兰。

丝绸之路上的喀什老城

　　同样在20世纪初，在欧洲考古学家发掘下重见天日的还有交河故城和尼雅古城，等等。

　　丝路中道的交河故城，是唐朝时西域最高军政机构安西都护府所在地。因为吐鲁番盆地干旱少雨，让交河故城的主体结构奇迹般地保存下来，成为丝绸之路完美的城邦"标本"。在交河故城的官署中，考古学家还发现了一个神奇的"地下庭院"，其中有一条曲曲折折通往城内南北交通干线的密道。据史料记载，当时匈奴曾多次攻打交河故城，甚至一度占领过这里，这条密道应该就是情况危急时供官吏逃亡使用的。

　　丝路南道的尼雅古城——曾经的精绝国同样散落着房屋、佛塔、寺院、城墙等数百处遗迹，但最让人们津津乐道的，还是当地出土的佉卢文文书。这些文书证明远来的中原丝绸在这里是绝对的奢侈品。精绝国国王曾经收藏过一件精美的丝绸短上衣，视如珍宝。有一年遇到饥荒，整个尼雅城颗粒无收，国王忍痛割爱，出售心爱的宝物，为

丝绸之路上的每座古城，都是神奇的历史宝库。图为丝路中道的交河故城。

臣民购买赈灾的粮食,这件短上衣竟然换来了300多公斤的谷物,拯救了整个国家!

无数古国古城的辉煌湮没在沙海里,但是,也有逃过多次劫难、辉煌至今的幸运儿,比如古代丝绸之路北、中、南道的西端总交会处,今天中国最西端的边境城市——喀什。

喀什是古疏勒国的都城。张骞出使西域时,就曾到达过疏勒。此后,作为丝绸之路上的重地,疏勒成为中原王朝和周边政权争夺的战场。

从敦煌出发,丝绸之路有数条通道可供选择。无论哪一条通道都有风险,最后它们在喀什会合,而喀什恰好处在喜马拉雅山脉、帕米尔高原、天山山脉和兴都库什山脉的交会点上。位于喀什市郊的石头城,是中原地区历代管理和控制丝绸之路的军事要塞,曾经运行了1000多年,历经无数次战火洗礼。

喀什老城东北端的维吾尔族聚居区,称为"高台民居"。它建在高40多米、长800多米的黄土高崖上,是中国屈指可数的、具有典型古西域特色的传统历史街区。往上追溯,吐蕃人、突厥人、契丹人、蒙古人都曾在这里留下多元文明的遗迹。如今,各民族的人民在这里守望相助、共同发展,新的多元文化与曾经的文明遗珠交相辉映,让喀什这座古老的城市散发着特殊的魅力。

# 费尔干纳盆地上的文明交会

行走在丝绸之路上的商队，翻过平均海拔4500米的帕米尔高原，来到西侧的费尔干纳盆地。丝绸之路西段在这里分成三条路线，其中，中线就是从费尔干纳盆地出发前往欧洲。

费尔干纳盆地面积仅2.2万平方千米，却以中亚五国1%的土地面积养活了22%的人口，是丝绸之路经典中道的必经之路。这里的丝路遗存俯拾皆是。

早在两汉时期的历史著作《史记》《汉书》中，就曾提到张骞出使西域时曾到达费尔干纳盆地一个叫作"大宛国"的小国。汉朝与之建立了良好的关系，汉朝从该国得到很多价值万金的"汗血宝马"，还引进了葡萄、苜蓿等植物。如今大宛国的遗迹虽已无处可寻，但费尔干纳盆地仍然流传着很多关于丝绸之路的故事。

桑蚕文明是中国给予中亚地区的珍贵礼物之一，如今乌兹别克斯坦的国徽上依然画着桑树。考古发现证明，蚕桑业早在4世纪就已经传入中亚。在新疆出土的同时期画板绘声绘色地记录了一个故事：当时中原严格禁止蚕种外流，远嫁的公主为了子子孙孙都能穿上美丽的丝绸，悄悄把蚕种藏在帽子里，混过严格的边关检查，终于带入西域，继而将养蚕业传入中亚。相对而言，乌兹别克斯坦撒马尔罕历史博物馆珍藏的一幅壁画的描绘或许更为真实可靠：6世纪唐高宗的使节参加了当地首领粟特王的盛会，以蚕茧、生丝和白绢作为贺礼。

粟特人发明的粟特锦是丝路文化的重要见证。隋朝时期，粟特人何稠曾在隋廷担任管理丝织业的"织锦官"一职。他结合中国的制锦技艺，发明了粟特锦。带有骏马、狮子、野猪、孔雀、梅花等纹饰的联珠圈是粟特锦的标志性图案。在唐朝名画《步辇图》中，吐蕃权臣禄东赞便身

着用粟特锦制作的服装。后来，粟特锦成为乌兹别克斯坦的"国服"，无论是1880年沙俄画家笔下描摹的当地贵族，还是21世纪登上奥运会领奖台的乌兹别克斯坦运动员，均身着这种华丽锦袍。

撒马尔罕是丝绸之路中段最伟大的古城之一，也是沟通中国、印度、波斯三大古国的十字路口。"本不当知的欲望，驱使着我们，走上通向撒马尔罕的金光大道"，这是英国诗人弗兰克在1913年写的诗，引发了无数欧美旅行者对这座梦幻之城的向往。

撒马尔罕的标志性建筑比比·哈内姆清真寺始建于1399年，是当时的统治者帖木儿罕为爱妻比比·哈内姆斥巨资修建的。为了修建该寺，他聘请了丝绸之路沿线各地的能工巧匠：大马士革的烧砖人，设拉子的瓷釉匠，德里的木雕工……在众多能工巧匠的合力下，清真寺终于落成，造型恢宏，美轮美奂，金色的穹顶闪耀着璀璨的光芒。

丝路为费尔干纳盆地留下了很多商业重镇，在古老的壁画上，往日的繁华依稀可见。

许多西方作家都说，比比·哈内姆来自中国，更确切地说，是中国元朝时期设于今天新疆境内的察合台汗国，其都城位于丝绸之路北线重镇伊犁。"比比"是阿拉伯语中的"女子"，"哈内姆"是乌兹别克语中的"妻子"，比比·哈内姆实际是泛称，即"尊贵的王后"。而这位远道而来的中国新娘的芳名，始终不为人知。

作为东西方文明交会的十字路口，东方文化与西方文化在撒马尔罕的输入输出是相互的。大约在2000年前，棉花种植技术从天竺（今印度半岛）传入中亚，再传入中国。中国境内发现的最早的棉布，是公元初产自中亚、出土于新疆的蜡染布，被称为"白叠布"。唐朝时期前往天竺求法的僧人慧超来到这里，对其"细布白叠"的棉布赞不绝口。可见，中亚人向往的华丽丝绸大唐人再熟悉不过，但柔软的棉布却着实是让大唐人好奇的稀罕玩意儿！

# 改变世界文明史的造纸术

在撒马尔罕的郊区小院，几位老工匠带我们参观步骤酷似教科书的古老造纸术：桑树皮泡软烂后，留下纤维部分煮沸晾干，再捣碎筛出一张张毛纸片，用石头压平。中国的造纸术就是从这里出发传遍欧洲的。到13世纪，不少欧洲人沿丝绸之路来到中国，又带回了印刷术。直到15世纪，欧洲人古腾堡印出了第一部《圣经》。

为什么造纸术会千里迢迢传到这里呢？中亚地区并没有发现发明造纸术的证据，历史学家比较一致的说法是，在怛罗斯战役中被俘的唐朝工匠向当地人传授了这种奇妙的技艺。

碎叶古城所在地（今吉尔吉斯斯坦境内）同样位于帕米尔高原西侧的费尔干纳盆地，但来到碎叶古城停留的商旅通常选择的是相对艰险的丝路北线：经过今哈萨克斯坦境内的塔拉兹（古称怛罗斯）、今俄罗斯境内的阿斯特拉罕等地，沿咸海、里海、黑海的北岸，直达今土耳其伊斯坦布尔（古称君士坦丁堡），再渡过博斯普鲁斯海峡，进入欧洲地区。

751年，在怛罗斯发生了中国唐朝与大食（今阿拉伯地区）争夺丝路控制权的战争，这也是东西两大帝国第一次也是唯——次正面对决。

当时大食的势力向东扩张，已进入中亚地区；而中国唐朝已设立"安西四镇"，其中之一就是碎叶。当时大食正值改朝换代，国内动荡，曾在维护西域稳定中立下诸多功勋的唐朝名将高仙芝决定趁此良机，剪除大食羽翼，逐步恢复唐朝在丝路沿线的主权。他率先带兵灭掉了一个名为石国的西域小国，杀掉了他们的国王。

侥幸逃脱的石国王子向大食求救，大食援军计划袭击唐朝安西四镇。信心满满的高仙芝认为应该先发制人、主动出击，最终其率领的大唐联军在怛罗斯附近与大食军队遭遇。双方都在距离本土数百千米的地区作战，难度可想而知，但双方也都心知肚明：唐帝国要想巩固在丝绸之路西段以及整个西域的主权，就必须挫败大食；而大食要想完全控制中亚地区，同样必须击败唐帝国的军队。

这场战争杀得昏天黑地，持续了五天五夜。大唐联军胜利在望之际，因麾下西域盟军阵前倒戈而几乎全军覆没，数万人的大军"所余才数千人"。但令人意想不到的是，结局奇妙逆转，大食因为本土附近拜占庭帝国的持续骚扰而"后院起火"，竟派使者前往唐帝国设立的安西都护府求和。大唐联军求之不得，立即撤军，大食部队亦如约后撤。

此后，正值盛世的唐帝国继续控制着西域，而大食俘虏的中国造纸工匠，却意外改变了世界文明进程。

# 玄奘的西行之路

唐朝高僧大德玄奘西行求法，近1000年后，他的故事被明朝小说家吴承恩演绎成古典名著《西游记》。小说中，唐僧拥有了孙悟空、猪八戒、沙僧等神通广大的徒弟襄助；而事实上，玄奘在绝大多数时间里都是独自西行。

629年，玄奘在位于今天吉尔吉斯斯坦境内的碎叶城觐见当时统治该地区的西突厥汗国最高统治者统叶护可汗。慷慨的统叶护可汗对玄奘求法之行颇为赞许，给予他丰厚的资助和通行国书，还派了一位精通汉语的少年，一路护送玄奘西行。有熟悉这段历史的吉尔吉斯斯坦艺术家结合小说《西游记》的场景，虚构了唐僧师徒四人与突厥可汗军队相遇的情景，场面既壮观又有趣。

丝绸之路南线从帕米尔高原南部的瓦罕走廊开始，陆续经过今巴基斯坦境内的白沙瓦、阿富汗境内的喀布尔，再往南进入印度半岛。对于中国商人来说，这是一条荆棘遍布的贸易之路，但对于中国僧侣来说，却是一条光芒万丈的求法之路。佛教诞生后数百年，不知道有多少求法僧侣倒在了这条路上，玄奘只是他们其中最幸运的一位。

瓦罕走廊位于帕米尔高原南部，平均海拔4000米以上，是从中国新疆通往邻国阿富汗境内的一条自东向西的300千米的狭长谷地。谷地内，有的地段犹如挂在垂直的绝壁边，有的羊肠小道宽仅数十厘米，这里至今仍然是地球上最难生存、最为贫困的地区之一。

399年，有史料正式记载的第一位西行求法僧人法显，也正是从瓦罕走廊进入印度的。法显在《佛国记》一书中描述这一段路程时写道："上无飞鸟，下无走兽，四顾茫茫，莫测所之，唯视日以准东西，人骨以标行路。"足见当时穿行瓦罕走廊之艰难。629年，玄奘西行时，同样历经磨难才穿过这条小路，瓦罕走廊也因此再次被写入历史。

进入向往已久的天竺境内后，神圣的佛国终于向法显和玄奘以及他们无数的同道者露出笑容。

白沙瓦现在是巴基斯坦西北边境省省会，在1世纪，这里曾是贵霜帝国君主迦腻色伽一世钦定的首都。1000多年来，这里一直是南亚次大陆与中亚之间的贸易重镇。玄奘在《大唐西域记》中称这里是"花果繁茂"的天府之国。在这里稍事休息之后，玄奘继续西行，来到吐火罗国（今阿富汗境内）。朝拜世界上最高的立佛——巴米扬大佛后，他心潮澎湃，在《大唐西域记》中形容其"金色晃曜，宝饰焕烂"。

玄奘的目的地是今印度比哈尔邦省会巴特那东南90千米的那烂陀寺。当他面对那烂陀寺的佛像时，热泪盈眶，伏地叩拜。在那烂陀寺，玄奘度过了5年虔诚求学的生涯，他学习了声明学、因明学、音乐、医学等学科，然后到天竺各地游学，包括佛陀顿悟的大菩提寺。一路上他讲经说法，备受崇敬。10年后，他谢绝多个国王的盛情挽留，义无反顾地再次踏上丝绸之路。这次回来，他不再是孑然一身，而是有诸多僧侣紧紧追随；也不再是两手空空，而是携带着几百卷经书和精致的佛像。这些历经朝代更迭而残存的经书佛像，至今仍珍藏在西安大雁塔内。

## 丝绸之路上的波斯帝国

行走在丝绸之路西段中线的商人们，从撒马尔罕南行出沙漠，就能到达波斯帝国（古称安息国，今伊朗境内）。

中国皇帝对安息国的第一印象是从2000多年前的一场魔术表演开始的：汉朝使团沿着张骞的足迹一路向西，经过西域数不胜数的城邦小国，来到强大富裕、国土辽阔的安息帝国。安息王派2万骑兵在国境线上迎接，全程高规格接待了他们，并派遣特使带厚礼跟随汉朝使团前往长安。

使团中有一位来自安息附属国黎轩国的魔术师。这位魔术师曾在汉武帝以及王公大臣面前多次表演，并被记入《史记》："黎轩多奇幻，口中吹火，自缚自解。"他的奇妙技艺让未曾见识过魔术表演的满朝文武瞠目结舌。

伊朗境内历经沧桑的波斯古城

从此汉帝国和遥远的安息帝国成为朋友。87年到101年，安息使团两次沿丝绸之路出使中国，大型的商队紧随外交使团之后。以当时的交通条件，这样的行动堪称壮举。

波斯帝国境内诸多城市成为丝绸之路南路重镇，比如位于今天伊朗首都德黑兰南部的古城，有"半天下"美称的伊斯法罕。通过丝绸之路，商人们把从中国和印度进口的瓷器、丝绸和棉织品从这里转运到西方的欧洲，波斯帝国出产的珍珠、地毯、羊毛、洋葱、黄瓜、香菜，也通过丝绸之路运往东方的印度和中国。

波斯帝国深知其地理位置的重要性，牢牢把握着贸易控制权，向渴望丝绸的东罗马帝国收取名目繁多的赋税，东罗马帝国又转嫁给购买者，导致丝绸价格一路飙升，日益昂贵。为了得到珍贵的丝绸，东罗马帝国不得不放下身段，和他们蔑视的波斯帝国平起平坐。

数百年后，东罗马帝国查士丁尼大帝忍无可忍，决定向波斯帝国发起战争。波斯帝国皇帝听闻后，先发制人。530年，波斯名将率数万军队进攻东罗马帝国，东罗马帝国早有准备，滚滚铁骑直奔波斯境内。

就在东罗马帝国志在必得的时候，中国的丝绸成为波斯人的"隐性重武器"。

东罗马帝国虽然在战场占了上风，但丝绸贸易因此被切断，国内一磅普通中国生丝的价格涨至高达8个金宝石。为稳定市场，查士丁尼大帝不得不规定一磅生丝收购价不得高于15个金币。如此"廉价"，冒着生命危险行走丝绸之路的商人完全不能接受，行业内失业破产成风，一些商人、工匠索性直接逃到"敌国"波斯，造成恶性循环。权衡利弊之后，查士丁尼大帝只好向波斯帝国妥协，以1.1万磅黄金的高额赔款拯救国内丝绸工商业，满足王公贵族们的奢侈生活需求。

东罗马帝国很不甘心，不久战争重新爆发，如此循环往复百余年。波斯帝国深谙东罗马帝国的弱点，一手抓丝绸，一手抓战争，效果奇佳。615年，波斯军队势力达到顶峰，抵达博斯普鲁斯海峡，距东罗马帝国首都君士坦丁堡只有一步之遥。但此时，波斯帝国身边的后起之秀阿拉伯帝国开始崛起，动摇了波斯帝国统治的根基。651年，波斯帝国灭亡。

# 阿拉伯帝国的丝路中心：巴格达

　　丝绸之路西段的中线和南线，到达今天伊朗境内的马什哈德后，便合二为一，通过伊朗高原，向西南前往东罗马帝国的都城君士坦丁堡。阿拉伯帝国崛起后，这条道路变得格外通畅。阿拉伯帝国东起印度河，西抵大西洋沿岸，北达高加索山脉、里海以及今天的法国南部，南至阿拉伯海与撒哈拉沙漠，横跨亚非欧三洲，疆域广阔。

　　一个毗邻丝绸之路、默默无闻的小村庄，因为阿拉伯帝国的崛起而闻名于世，它就是当时阿拉伯帝国的都城、今天的伊拉克首都巴格达。阿拉伯帝国的第二任哈里发曼苏尔754年即位后，亲自勘察，选中了底格里斯河右岸的这座村庄作为新的都城。据说，他定都这里的重要原因之一，就是认为底格里斯河可以将他们与遥远的中国联系起来。他亲自将新都命名为"巴格达"，意即"神的赐予"。

　　于是，10万工匠从世界各地云集于此，其中也包括来自中国的能工巧匠。仅仅数年，崭新的都城竣工，皇宫、官邸、清真寺、花园等富丽堂皇，各条街道规整严谨，人口随之迅速增至100万。此后，哈里发哈伦·拉希德和马蒙都对巴格达城进行了扩建，城市里清真寺、宗教学校、图书馆、天文台、客栈、驿馆、市场、浴室应有尽有。这座城市也成为阿拉伯帝国的政治、经济、文化中心，由此进入辉煌的全盛时期。

　　在史书中，这座城市被描述为"豪华镀金装饰的、悬挂着华丽挂毯和丝绸锦缎"的殿堂之都，"底格里斯河顺流而下，岸边满是宫殿、华亭和花园，都是贵族阶层享受的场所"。人们称其为"世界的中心"，它更是"丝路的中心"。市场中商铺鳞次栉比，有许多从遥远的中国运来的瓷器与丝绸，城内甚至开设了专卖中国商品的市场，精美的丝绸成为阿拉伯帝国贵族身份的象征。

阿拉伯帝国十分重视促进市场繁荣、经济发展的丝绸之路，于是采取了很多改善丝路通商环境的措施，如哈里发亲自下令在丝路沿途为商人设置驿站。如今在土耳其北部的古丝绸之路沿线，仍然保留着几座被称为"骆驼宫"的驿站，相当于包括酒店、餐厅、骆驼房在内的"综合服务区"，个别重新翻修后的驿站现在仍可以使用。

条件改善了，商队络绎不绝，清脆的驼铃声响彻整条丝路。从7世纪阿拉伯帝国初建开始到唐帝国内乱的150年间，阿拉伯帝国（中国史书称为"大食"）正式派往唐帝国的使节团达到39批，即使其间发生了两国对垒的怛罗斯之战，也未使双方反目为仇。

然而这一切在755年，唐帝国爆发安史之乱后宣告结束。此后唐朝逐渐衰落，失去了对西域诸国的控制权，陆上丝绸之路亦随之逐渐衰落。

阿拉伯帝国要延续东西方的丝绸、瓷器以及香料贸易不中断，只好另谋他径。他们发现，海上商队到达波斯湾的奥巴拉港和巴士拉港后，只要换乘小船，沿着幼发拉底河航行一段时间，就可以到达巴格达。

阿拉伯帝国哈里发曼苏尔兴建新城的卓识远见，让巴格达通过流经它的另一条重要河流幼发拉底河，再次"和遥远中国联系起来"。巴格达的中国市场仍然熙熙攘攘，只是商队前来的方式由翻山越岭改为了漂洋过海。巴格达，成为中东地区屈指可数的、见证陆地海洋双重丝绸之路的伟大城市。

巴格达，因陆上丝路而诞生，又因海上丝路的兴起而继续繁华，成为见证陆海丝路的伟大城市。

# 抵达古罗马

俗话说："条条大路通罗马。"全长7000多千米的丝绸之路，分为数条支线，最终交会于古罗马。古罗马帝国历经近1500年，全盛时期，疆土西起今西班牙，东到幼发底河上游，南至非洲北部，北达莱茵河与多瑙河一带，地中海成为帝国内海。

丝绸之路兴建早期，中国和罗马并没有直接联系，罗马人称中国为"丝国"，认为中国人身材高大、性情温和、敬畏法律、为人厚道，羡慕中国的社会安定、经济发达。中国史籍则把大秦（罗马古称）描述成西方大国：地方三万里，天下"最大国也"，多金银、珊瑚、琥珀、琉璃等人间宝物，宫殿建筑金碧辉煌。

97年，继张骞出使西域后，又一位著名的使节班超出使西域。其间，他派遣助手甘英前往古罗马。甘英历经艰辛，跨越了几个国家，进入安息（今伊朗）境内，到达

美丽的罗马帝国

波斯湾的关口。安息人担心汉朝与罗马帝国联系之后自己无法再从丝路贸易中谋利，便欺骗甘英，称波斯湾风大浪急，少有人能活着渡过，甘英只好放弃了前往古罗马帝国的目标。

113年，罗马皇帝图拉真亲率大军远征，迅速越过了高加索山脉，然后转头向南，朝幼发拉底河流域进发。他的目标是将边疆扩张至印度河谷，打开通往中国的大门。但这伟大目标很快因皇帝病逝和叛乱爆发而中断。

在当时的历史条件下，古代中国与古罗马通过陆路直接交流和贸易困难重重，然而这也正是丝绸之路连接东西的重要意义。

古罗马一直将目光投向东方。他们发现丝绸之路贯通后，散落在阿拉伯半岛和地中海商道这一绝佳地理位置上的地区几乎都发生了翻天覆地的变化，村庄变成了小镇，小城变成了大城。坐落在叙利亚沙漠边缘的帕尔米拉、佩特拉等城市，更成为古代城市发展史上的奇迹。特别是佩特拉，被誉为"沙漠威尼斯"，那里曾举办产品交易会，来自上百千米甚至上千千米以外的商人都会会聚到这个交通便捷的交叉口，盛况空前。他们不禁思考，伟大的罗马帝国是否也能拥有这样的城市？

答案是肯定的。4世纪，东罗马帝国建立，君士坦丁大帝决定迁都，从位于今意大利境内的罗马或米兰迁往东方。他的选址，正是欧洲和亚洲的交会点：博斯普鲁斯海峡。

关于这座壮观的新城，史学家作了相当系统的描述：一座辉煌的新都市在博斯普鲁斯海峡两岸的拜占庭旧址横空出世。它的出现不只是为了和罗马竞争，更是要超越罗马。宏伟的宫殿被建立起来，中心广场大得如同战车的竞技场。城市中心竖立起一根大型的纪念圆柱，由巨型斑岩雕琢而成，上边有皇帝的雕像，俯视全城。这座新城的名字起初叫作"新罗马"，不过很快就以其创建者君士坦丁的名字而著称——君士坦丁堡（今土耳其伊斯坦布尔）。

很快，君士坦丁堡实现了建城初衷，成为地中海地区最大、最重要的城市。在这里不但能够洞察欧洲和亚洲的发展动向，还可以守着进入地中海甚至黑海的水上通道，这里也因此成为陆上丝绸之路的终点。

但沿丝绸之路"行走"的丝绸却并未停下脚步，它们继续登上海船，经过地中海，从今天的威尼斯或热那亚进入意大利中部锡耶纳或托斯卡纳，再往北前往欧洲腹地，如法国或德国，甚至从水路欣欣然前往更加遥远的北欧。

早在9世纪，生活在斯堪的纳维亚半岛的维京人，就开始驾着他们的长船，从大西洋顺流而下，到欧洲南方寻找心仪的货物。但由于路途遥远，货物必须大批量交易，才能确保高额利润。人们在挪威出土的奥塞贝格号沉船上发现了 100 多块丝绸断片，这足以证明运抵斯堪的纳维亚半岛的丝绸数量是多么巨大。考古学家还在瑞典、丹麦、芬兰和挪威的贵族墓穴里，发现了大量来自波斯甚至是中国的丝绸，显然身份高贵的墓主人对它们非常喜爱。

关于丝绸之路的意义，有研究丝绸之路多年的西方资深历史学家如是说：自此以后的 1000 多年，不同种族、不同信仰、不同文化背景的帝王、军队、商人、学者、僧侣、奴隶，行走在这条漫长的陆上丝绸之路上，创造并传递着财富、智慧、宗教。东方的造纸术、印刷术、火药、冶铁术、弩箭、指南针和瓷器传到西方，西方的棉花种植和加工、挂毯织造、葡萄种植、玻璃和金属加工等技术及天文历法传入东方。陆上丝绸之路成为连接东西方文明的重要桥梁。

古代海上丝绸之路

## 海上丝绸之路的前身："广州通海夷道"

1998年，一家德国打捞公司在印度尼西亚勿里洞岛打捞到一艘满载67000多件中国瓷器和银器、金锭、铅锭的阿拉伯商船——黑石号。经考证，黑石号沉没时间为9世纪上半叶。人们推想，黑石号的主人是在中国购得精美瓷器后，满怀着发财致富的喜悦经东南亚返回西亚，却不幸在途中遇险的。

黑石号的发现，证明了海上丝绸之路早在中国唐朝时期就已有了雏形，主要线路是从广州经南海出发，通过印度洋航线，抵达沿岸100多个国家和地区。

在1400多年前，这条路已经迎来送往了无数追逐利益的行商。他们贩卖从中国出口的丝绸、瓷器、茶叶和铜铁器；而中国进口的主要是香料、花草及一些供宫廷赏玩的奇珍异宝。直到671年，唐朝高僧义净从广州出发，沿着这条道路西行求法，这条路才首次见于史册。

义净少年时便仰慕法显、玄奘西行求法的壮举，立志求取真经弘扬佛法，但当时西域战乱，无法成行。他听说东晋高僧法显经陆路前往天竺取经后，就是经海路回到中原的。抱着试一试的想法，义净来到当时的出海口扬州，遇到信仰佛教的官吏，获得资助和路线指引，并被送上一艘从广州南行的波斯商船。在海上漂流数年、辗转多国后，义净终于经安达曼海到达孟加拉邦，登岸后转陆路，直达玄奘修行过的那烂陀寺学习。

695年，在天竺修法近20年的义净，带着300多部佛典经卷和400多颗佛骨舍利荣归大唐。他在当时唐朝东都洛阳受到皇后即后来成为中国第一位女皇帝的武则天的接见，继而被皇帝唐中宗授予曾属于其前辈玄奘的称号："三藏"。义净将所见所闻写入其著作《南海寄归内法传》。

或许这件事情过于轰动，从中国前往中东的海路进入唐朝皇帝的视线。近百年后，当陆上丝绸之路被阻断时，连通海路被提上了议事日程。

当时唐朝已经因数次内乱而由盛转衰，又与吐蕃部落发生战争，皇帝甚至数次逃出都城避难。唐德宗决定派一位名叫杨良瑶的官员，经海路前往西方日益强大的大食"搬救兵"，请他们派兵联手对付吐蕃。

在当时绝大部分人看来，这条自东向西的海路远比陆路艰险而陌生。但785年，杨良瑶还是带着皇帝的殷殷嘱托，率领使节团队从广州附近的南海乘船，毅然西行。据说他的忠诚受到了上天的眷顾，黑夜有神灯指引方向，白天遇神兽带来祥瑞，所向披靡——后人分析，神灯应该是阿拉伯人在印度洋沿岸设立的导航灯塔，神兽则是生活在内陆的中国人从未见过的海豚等海洋动物。不知道在海上漂流了多少个日日夜夜，杨良瑶终于不辱使命，到达大食。大食派兵支援大唐，迫使吐蕃退兵，解了唐朝皇帝的燃眉之急。

*广州作为海港，数千年历久不衰。1400多年前，海上丝绸之路前身"广州通海夷道"从这里出发，全长达14000千米，是当时世界上最长的远洋航线之一。*

遗憾的是，杨良瑶的出使线路史书并无记载，但我们可以找到和杨良瑶同时代的唐朝宰相、地理学家贾耽的著作《皇华四达记》，根据他的职位和任职时间，可以判断其很可能与杨良瑶有过深度交流。

《皇华四达记》中有一章名叫"广州通海夷道"，记录了这条全长 14000 千米，从广州出发，沿南中国海向南行，航期89天到达大食的道路。这是当时世界最长的远洋航线之一，后人把这条"广州通海夷道"视为海上丝绸之路的前身。

# 海上丝绸之路的诞生

陆上丝绸之路连接着欧亚大陆的东西两端，从长安出发，经过河西走廊、西域、中亚、阿拉伯半岛到达君士坦丁堡，全程7000多千米。陆上丝绸之路沿途大多数都是戈壁、雪山、高原，地理环境险恶，随时可能受到自然灾害的影响，即使在21世纪驾驶现代交通工具通过，都会充满艰难险阻。更何况沿途分布着大大小小众多国家和地区，只要一个国家或地区出现政局动荡或设卡阻路，这条漫长的道路就会中断。中国明朝期间，疆域不断收缩，同时，取代东罗马帝国的奥斯曼帝国对过往商队收取高额关税，陆上丝绸之路走向没落。

而海上丝绸之路从中国东南沿海出发，南下东南亚，经过马六甲海峡、斯里兰卡、印度洋、波斯湾到红海，再经地中海到达欧洲，全程14000千米，经过的国家更多，且海上航行可以选择停靠地点，不仅受到的干扰相对较小，还可以避开重重关税。

古代没有大型交通工具，一匹骆驼能够驮运的货物最多200公斤，一匹马能够驮运的货物只有70公斤。即使一支商队由百余匹骆驼和马组成，运送易碎的瓷器、玻璃器、珠宝也存在运输困难。而海船则简单得多，在丝绸之路创立伊始的汉朝时期，一艘商船即可运载30吨货物；到距今近700年前的明朝，运量飙升至60吨。有学者作过统计，明朝时一艘商船的运输量，相当于200匹骆驼或400匹马。

因此，从唐朝开始，海上丝绸之路就开始与陆上丝绸之路并行；到陆上丝绸之路完全被阻断后，海上丝绸之路迅速取而代之，成为古代中国与西方交通贸易和文化交往的重要通道。

## 海上丝绸之路的起点：泉州

位于东南沿海的泉州成为海上丝绸之路的起点之后，一度成为盛极一时的海外交通贸易中心，吸引了大食（今阿拉伯半岛）、波斯（今伊朗）、天竺（今印度）和东南亚地区的客商，甚至连地中海一隅的欧洲商人都前来淘金。

1275 年，一位意大利旅行家随父亲来到元朝首都，其后在元朝做官。17 年后，经朝廷批准，他来到泉州，以护送和亲的公主之由踏上回国的旅途。他就是家喻户晓的马可·波罗。

在走过元大都（今北京）等诸多世界级城市后，马可·波罗对中国的繁荣瞠目结舌。到达泉州后，他仍然惊叹不已："刺桐（泉州古称）是世界上最大的港口之一，大批商人云集这里，货物堆积如山。"当时，他并不知道，在他启程前往中国的 1271 年，他的同乡、一位名叫雅各的意大利商人就已先行驻足这座中国南方城市："街上有如此众多的油灯和火把，到了晚上这个城市被映得特别灿烂，在很远的地方都能看到它。"泉州，因此留下别称"光明之城"。

作为世界级的大港口、与埃及亚历山大港齐名的"东方第一大港"，泉州港最多时与 100 多个国家通商，从这里出发的航线近至东南亚，远达非洲东海岸。因为当时条件所限，船队都是顺风而行。每年 9 月至 11 月，船队乘西北风而去；每年 4 月至 6 月，再随东南风归来。宋朝时，诗人李邴登上泉州城德济门城楼，遥望城外港口的繁盛景象，留下了"涨海声中万国商"的磅礴诗句。

前来贸易的各国商人除了带来货物，还带来了宗教，伊斯兰教、佛教、印度教、基督教等都在这里留下了历史痕迹，就连如今已消失的摩尼教也在泉州留下了举世独存的光佛造像。当然，谈到宗教信仰，除了丰富多彩的外来宗教外，还不得不提及泉州当地的海神——位于九日山的通远王。每逢船舶往返季节，泉州郡守都要率官员去九日山祈风、敬祭海神，以便各国商船在海上顺利往返。

泉州，是马可·波罗在中国的最后一站。他奉元朝统治者忽必烈大汗之命，从这里送阔阔真公主前往中亚境内的伊尔汗国和亲；也是在这里，他对中国的造船业产生了浓厚的兴趣。

泉州是宋元时期重要的造船基地，这里生产的帆船以很强的坚固性和稳定性而著称于世。特别值得一提的是泉州帆船独具的水密隔舱，这一技术在当时世界范围内都是首屈一指的。1974年，泉州出土了一艘长24米、宽近10米、排水量近400吨、载重200吨的宋朝三桅木帆船。它拥有典型的水密隔舱：12道隔舱板将全船分成13个舱，所有的舱壁钩联十分严密，水密程度非常高；隔板与船壳用铁钩钉钩联在一起，并在两旁装置"肋骨"，以增加船体强度。

泉州港，海上丝绸之路的起点，被马可·波罗称为"世界上最大的港口之一"，鼎盛时期曾与100多个国家通商。

隔舱板和"肋骨"两项设计，都是中国造船史上的重要创造，大大提高了船体的安全性。2010 年 11 月，"水密隔舱福船制造技艺"被联合国教科文组织列入《急需保护的非物质文化遗产名录》。

看到公主和亲船队乘坐的大船采用了当时最先进的技术，马可·波罗记录下当时的盛况："大汗又下令准备了十四艘船，每船有四桅杆，能扬九帆……其中至少有四五艘船可容纳船员二百五十或二百六十人。"

大船造成，吉时已到，九日山上摆开了隆重的祭台。中国嫁得最远的和亲公主，也是唯一行走海上丝绸之路的公主船队，在马可·波罗的陪同下，从泉州浩浩荡荡地出发了。

# 远赴波斯湾的中国公主

马可·波罗在这条和亲船上经历了2年零2个月的海上旅程。

元朝是中国历史上疆域最广阔的时代。蒙古帝国开创者成吉思汗逝世后，他的儿子们将蒙古帝国划分为4个汗国。伊尔汗国即为其中之一，其疆域包括今天的土耳其、叙利亚、伊朗、伊拉克、土库曼斯坦、阿富汗、巴基斯坦等的部分地区。伊尔汗国的统治很独立，并不听从元世祖忽必烈的命令，可表面上还要得到宗主国的册封才算合法。19世纪上半叶，法国汉学家雷慕沙在伊朗发现的使用汉字落款的相应文件印证了这一点。

据说阔阔真公主首选和亲路线仍然是陆上丝绸之路，但因遇到西域部落的战争，只走了数月便被迫折返，不得已选择了从海上丝绸之路前往伊尔汗国。阔阔真公主壮观的和亲队伍从元大都出发，一路南下，到达泉州后登船出海，经过今爪哇、苏门答腊，穿过马六甲海峡出印度洋，到达印度南部，再航行到波斯湾的忽里模子港（今伊朗阿巴斯港），最后登岸前往伊尔汗国。

马可·波罗在他的游记中详细记录了阔阔真公主和亲队伍的盛大场面：由14艘船组成的船队分宝船、粮船、马船、战船、坐船，秩序分明；公主乘坐的大船更是排场显赫，除了武艺高强的侍卫，还有马可·波罗父子随侍，教授公主伊尔汗国所使用的波斯语。同时，船队装满了可供所有人食用2年的粮食和干肉，还满载着元世祖忽必烈赐给公主的红宝石、祖母绿、古玩玉器以及委托马可·波罗父子送给一路所经国家君主的丰厚礼物。

虽然较之于走陆上丝绸之路，阔阔真公主一行免去了遭遇战乱袭扰的威胁，但是当船队行走于中国南海、印度洋时，条件依然相当艰苦：一路遭遇狂风暴雨、激流漩涡，经常看不见陆地，运气好的时候才能看见几个没有人烟的荒岛。新鲜果蔬时常供应不足，淡水经常来不及补充，只能靠收集雨水维持生命。漫长的航程使船队损失惨重，数百人葬身大海，伊尔汗国三位前往元朝求亲的使者只有一人活下来，所幸阔阔真公主平安无事。

到达伊尔汗国时，阔阔真公主已是20岁芳龄。老国王阿鲁浑已经去世，按当地风俗，阔阔真公主嫁与其子——与自己年龄相仿的合赞。两年后，合赞发动战争夺取王位，阔阔真公主成为伊尔汗国的可敦（王妃）。

在元朝，无论国家使团还是民间旅行家西行，都曾走过这条漫长的海上通道。据史书记载，元朝使者杨庭璧曾带领使团到达印度东南部的马八儿国（今印度喀拉拉邦东南部），得到当地宰相的热情接待，原因是"本国船到泉州时官司亦尝慰劳，无以为报"。而阔阔真公主因身份高贵，成为元朝历史上唯一有名字记载、走过海上丝绸之路的女性。

## 伟大的远航：郑和下西洋

1405年6月，南直隶苏州府太仓州（今江苏省太仓市）时称"天下第一港"的刘家港码头海面，林立的桅杆上飘舞的龙旗汇成壮观的旗海。世界上第一支由200余艘舰船组成的庞大舰队驶向浩瀚的大海，其中体量最大的50艘宝船船长约40—60米，每船载船员400人，围绕在它们身边的是百余艘较小型的八橹船，每船载船员50余人，整个船队共27800人。

这就是闻名世界的"郑和下西洋"船队，郑和是统帅，随行人员分工细致明确：有军事人员、船务人员、维修人员，还有翻译、医士等各类工作人员。当时所谓"西洋"，是以今东南亚的加里曼丹岛（元代称"淳泥"）为界，以东称东洋，以西为西洋。郑和船队所活动的地区都在爪哇岛以西，所以是"下西洋"。

15世纪世界先后出现了三大航海活动，分别是：1405—1433年中国航海家郑和七下西洋的远航；1492年

郑和宝船复原模型

哥伦布发现美洲新大陆；1498年达·伽马开辟东方新航路。郑和的远航比后两者早了近一个世纪。从1405年至1433年的28年间，郑和奉明廷之命，率领船队7次出使其他国家和地区，到达东南亚、南亚、阿拉伯半岛、非洲等地。

正如英国科学技术史专家李约瑟在《中国科学技术史》里所写的那样："15世纪上半叶，在地球的东方，从波涛万顷的中国海面，直到非洲东岸的辽阔海域，呈现出一幅中国人在海上称雄的图景。"而美国海洋历史学家路易斯·瓦塞斯在《中国称雄海洋的时代》一书中评价道："郑和七次远航印度洋的帝国舰队是世界海洋历史上一支举世无双的舰队，直到20世纪初第一次世界大战的无畏舰队在海上出现之前，没有任何舰队可以与之相匹敌。"

在海上丝绸之路上已行走过官方使节、民间商人及和亲公主后，随着郑和的远行，海上丝绸之路沿线国家的外交和贸易往来发展到极致。郑和船队以大量的丝织品、瓷器等商货换取东南亚的犀角、象牙等，成为海上丝绸之路商贸的一次繁荣高峰。

郑和每次下西洋，都会率先到达占城（今越南中部及南部部分地区）、爪哇（今印度尼西亚爪哇岛一带）、苏门答剌（今印度尼西亚苏门答腊岛一带）、满剌加（今马来西亚马六甲州一带）等东南亚国家。每到一处，郑和都会先将明朝皇帝明成祖的信件交给国王，并且送上带去的贵重礼物。

当时的东南亚地区华人移民很多，有的地区华人数量甚至超过了当地居民。郑和船队到达后，从未炫耀武力，而是鼓励华人和当地居民友好相处。这些国家看到全副武装的庞大船队，刚开始还忐忑观望，但后来通过相处，发现中国船队态度友善、尊重当地风俗、发展公平贸易，都热情地接待郑和一行，并多次派使节随回程船队来到中国。

郑和第五次下西洋时，到达今菲律宾南部的苏禄群岛。苏禄国王率全家和数百人的外交队伍随郑和船队前往中国，并在中国居住了很长时间。没想到回程时，苏禄国王身染重疾，在今山东德州病逝。明成祖极尽哀痛，以王之礼将他厚葬，并为他修建了奢华的陵墓。苏禄王长子回国继位，王妃和次子便留在德州守墓，其家族与中国人世代通婚。21世纪初，生活在菲律宾的苏禄国王后裔曾来山东德州拜谒祭祖，生活在中国的苏禄国王后裔亦曾应邀前往菲律宾寻根。

印度半岛也是郑和下西洋的重要途经地。在郑和的推动之下，两国贸易、外交往来频繁，关系密切。根据英国经济学家麦迪逊估计，"郑和下西洋时期，中印两国的贸易额就占了全世界生产总额一半以上"。这种盛况在15世纪初持续了二三十年，获得了巨大成功，郑和下西洋使"印度的港口开始了空前的繁荣"。

古里（今印度喀拉拉邦科泽科德一带）是郑和下西洋的必经之地。1433年，郑和七下西洋途经此处时，因病去世，长眠于此。他的一些侍从和守墓人从此世居喀拉拉邦，给这里留下了很多中国文化的印记。

# 通往阿拉伯的香料之路

1413年，季风期刚过，位于阿拉伯地区波斯湾一隅，香料交易中心祖法尔国（今阿曼佐法尔）的商人和居民就接到苏丹下达的好消息：中国船队要来啦！

大家奔走相告，继而肩背手扛或拉着牲畜，带着乳香、没药、苏合香油、安息香等香料蜂拥而至。漂泊数年本已见多识广的郑和船队成员，看到当地"长幼俱沐浴……或蔷薇露或沉香水熏衣及体，又以炉燃沉檀香……香满街市"，面对这种奢侈的享受、壮观的场面，他们也不由瞠目结舌。

这是中国历史著作《明史》关于郑和下西洋船队到达祖法尔国的记载。当然，远道而来的中国商品也没有让祖法尔人失望。如今，阿曼首都马斯喀特的国家博物馆里辟有中国瓷器专柜，陈列着历经千年仍然保存完好的明朝瓷器。对那时的祖法尔人，包括其他阿拉伯地区的居民来说，瓷器与丝绸是他们情有独钟的中国商品。

今天厨房里常见的胡椒、桂皮，衣柜里常备的檀香、樟脑，在古代中国都是大受欢迎的昂贵舶来品。明朝时期，贵族社会对熏香推崇备至，宫廷用香的名目与数量远超其他朝代，导致香料供不应求，价格暴涨几十倍甚至百倍。而胡椒在原产地每斤价格是1两银子，不远万里到达中国后，至少可以卖到每斤50两银子。这就是无数东西方商人冒着生命危险，乘上摇摆的小木船横渡大洋，踏上海上丝绸之路的重要原因。

如此获利丰厚的买卖，同样吸引了精明的明朝皇帝。现成的绝佳条件，为什么不利用呢？于是，郑和第四次下西洋的最终目的地就是印度洋以西的阿拉伯地区。1413年底季风一到，郑和的宝船沿前几次航路到古里后，便渡过阿拉伯海，从忽鲁谟斯（今伊朗霍尔木兹海峡北岸，波

斯湾入口处）开始，沿着阿拉伯半岛沿岸航行，到达祖法
尔、阿丹（今也门亚丁湾西北岸一带）。郑和的分船队还进
一步沿阿拉伯半岛向西、向南，到达非洲后返航，先后造
访了 36 个国家。进购香料自然是这次航行的主要目的，同
时也有意想不到的新收获，比如中国人鲜见的珍稀动物狮
子和金钱豹。

如此大规模的海外贸易一定是有备而来的，为了促进
海外销路，明朝的商人已经具备了相当的"市场意识"。
在景德镇商人专门打造的外销瓷器中，已有了专门为阿拉
伯国家而设计的大盘、大罐和双耳扁瓶，上面的图案是阿
拉伯风格式样，双耳扁瓶的造型则仿自 13 世纪阿拉伯的
双耳折方瓶。而本地产青花瓷的制作，因为加入郑和航海
带回来的阿拉伯特产颜料——回青，又融入原本仅在西亚
流行的彩绘图案而充满异域风情，受到大明王朝子民的热
烈欢迎。

同样，阿拉伯地区也在从中国文化中汲取养分。日
本学者寺田隆信在其著作中说："由于中国制瓷技术的传
入，促使西亚的制陶技术为之一新；著名的波斯地毯的纹
样，在原来阿拉伯式几何形图案上，增加了中国风味的龙
凤纹；波斯细密画采用中国的手法，也是在这个时代出现
的。这些都是与郑和的航海有密切关系的现象。"

因为成为香料贸易的中转站，祖法尔逐步演变成郑和
下西洋前往阿拉伯地区的重要交通枢纽，相传常有船员从
祖法尔下船专程前往麦加朝圣。祖法尔国王亦曾多次随使
臣船队前往中国，直到 1436 年，最后一任祖法尔使臣才从
中国返乡。

# 中国和非洲的古老友谊

　　1414年农历九月，明成祖朱棣接到奏报：榜葛剌（今孟加拉国及印度西孟加拉邦一带）奉表来贺，进贡象征太平盛世的麒麟。

　　"麒麟来朝"是太平盛世的祥瑞象征，明成祖见到后激动不已，立即让宫廷画师画下一幅《明人画麒麟图》，如今这幅画仍然完好地收藏在中国台北故宫博物院。再对照当时大臣夏元吉撰写的《麒麟赋》一文中所描绘的龙首、龟文、牛尾、麋身、马蹄、肉角等特征，所谓"麒麟"分明就是东非草原的特产——长颈鹿。

　　但这次榜葛剌进贡的"麒麟"并非来自其原产地非洲。十余年后，1425年，郑和第四次下西洋归来，跟随船队来到中国的非洲使者送上了东非草原的"麒麟"。明成祖按捺不住内心的兴奋，亲自前去迎接，文武百官皆以亲睹"麒麟"为荣。

　　郑和下西洋究竟曾多少次到达非洲，史学界颇有争议，但可以肯定的是，郑和的船队确实曾经到达过今天索马里南部的贝纳迪尔沿海，而且深入坦桑尼亚境内，最远则经非洲大陆西南到达非洲南端，接近莫桑比克海峡。

　　据说郑和船队进入非洲的第一站是哈甫泥（今索马里的哈丰角），接着到了一个荒凉的村落。当地居民以标枪和盾牌为武器，骑着单峰骆驼或大象出行。和印度的大象有些不同，这里的大象皮肤呈灰黑色，双耳较小，身躯高大。又航行了数日，他们到达了木骨都束（今索马里摩加迪沙一带）。当地人对中国人并不陌生，早在1415年，木骨都束就曾派遣使者访问过中国，获得明朝的国书和赠送的礼物。木骨都束国王听到郑和船队来访的消息，高兴极了，立即派大臣将郑和一行迎入王宫，给予最高的礼遇。郑和向国王和王妃赠送了中国的丝绸、瓷器和茶叶。

在木骨都束国王的指引下，郑和船队前往了周边的几个邻国，如卜剌哇（今索马里布腊瓦一带）、竹步（今索马里准博一带）、麻林（今肯尼亚马林迪一带）等国，用金银、丝绸、锦缎、瓷器、漆器等，换取当地盛产的龙涎香、没药、乳香、象牙等等，当然，还有后来红遍明朝宫廷的"祥瑞麒麟"。

郑和本想继续率领船队南行，但被麻林人阻止，原因是南面（今坦桑尼亚境内）都是连绵不断的荒野和原始森林，人迹罕至。同时，船队成员也非常不习惯非洲的气候，由于水土不服，多人身染疾病，大家都希望早日返乡，因此郑和最终止步于此。至今，索马里南部还有个村庄叫作"中国村"，据说就是为了纪念郑和的来访。

然而郑和随员未能尽数回到故乡，一艘掉队的小船在索马里海岸遇风浪沉没，20余位船员弃船登岸保住性命，从此留居当地。

2002年12月，中国驻肯尼亚大使馆派专人前往拉穆群岛进行实地调查，发现帕泰岛数千居民中的大多数体貌有明显的亚裔特征，岛上也曾经发掘出大量中国古陶器和瓷器碎片。2005年，一位名叫夏瑞福的19岁帕泰岛女孩被确认具有中国血统，她以"郑和船员后裔"的身份受到中国政府资助来华深造，学费、生活费全部免除。刚到中国的夏瑞福一句汉语都不会说，但经过多年的学习后，她已在中国攻读医学博士学位。她用流利的汉语说，学成后要回到非洲，像郑和一样，做中国和肯尼亚友谊的纽带。

# 中国和美洲的丝银对流

　　1573 年 7 月 1 日，两艘满载着中国货物的大帆船，从今天的菲律宾首都马尼拉起航。船上的货物除了 712 匹中国丝绸、22300 件中国瓷器，还有成捆的生丝和大量的天鹅绒、麻布。

　　西班牙人在 1571 年建造的马尼拉城，改变了环球贸易的格局。用当代评论家的话说，马尼拉应该算是"世界上首座全球性城市"。西班牙人的初衷只是建立一个获取香料的基地，但它很快发展成为亚洲与美洲之间的联络点。马尼拉大帆船在这条航道上络绎不绝，源源不断地把中国的丝绸、瓷器、漆器、茶叶运送到拉丁美洲，把大量墨西哥银圆运回马尼拉，再通过海上丝绸之路把它们运往北方的中国。这些银圆到达神州大地后，被直接投入熔炉，熔化重铸为中国流通的货币——银锭。

　　历史学家将这种交易命名为"银丝对流"，这正是海上丝绸之路贸易的延伸。

　　很遗憾，从郑和船队归航后不久，明朝关上了它刚刚向世界开启的大门。然而，这道"大门"在距海上丝绸之路出发地泉州仅 120 千米的漳州月港留下了一条"门缝"。按规定，这条线路的目的地只能是东南亚的吕宋（今菲律宾马尼拉一带）等少数地区。但到了吕宋，中国商人就可以与统治当地的西班牙人进行交易。

　　于是，每当 12 月至 1 月东北信风吹动之际，集结在漳州月港的中国船队就扬帆起航，历时 15—20 天，抵达马尼拉港。接下来，船上的货物全被装上马尼拉帆船，待 6 月西南季风期起航，通过西班牙人开辟的太平洋航路乘风北上，直达墨西哥西岸的阿卡普尔科港。这段航程全程数千千米，花费的时间至少需要 3 个月。

　　当时南美洲的人们都以穿中国丝绸为荣，当地史书记载："从智利到巴拿马，到处都有东方货，从教士的法衣到利马人的袜子都是如此。""那些无日不在节日中的女士从（中国来的）船货中看中了可供她们打扮的款式新颖和奢华的丝绸袍。""为了把自己打扮得光彩夺目，她们毫不吝惜银子和宝石，她们身着金缕衣和中国的精致丝绸。"虽然严苛的"海禁"封堵了从中国直接前往南美的道路，但中国商人还是辗转打听到了南美贵妇的喜好，一船船欧洲流行款式的绫子、缎子、斗篷、缎带从中国运往马尼拉，再从马尼拉运抵南美洲，净利润数倍激增，由此产生了"丝绸流向美洲，白银流向中国"的说法。

从南美洲漂洋过海而来的不只是白银。这条线路的另一个巨大贡献是引进了玉米、马铃薯、花生、番茄、番薯、辣椒、菠萝等原产南美洲的蔬菜和水果。这些食品在当时可都是价值高昂、数量珍稀的"进口货"，人们轻易舍不得吃。

明朝著作《草花谱》记载了一种外国传入的鲜红可爱的"番椒"，证明此时辣椒已引进中国并且栽培成功，但尚未应用于饮食，而是被富贵人家的女眷精心养在花盆里。直到数百年后的清朝，南方居民大胆试吃后，辣椒才从此成为中国人餐桌上常见的食物。正是因为这条线路，中国人的饮食结构发生了巨大的改变。

# 通往朝鲜半岛和日本列岛的东海航线

1991年3月3日，经过132天近28000千米的海上航行和陆上探察，从意大利威尼斯出发的联合国海上丝绸之路考察队到达了最终目的地——日本历史悠久的港口城市大阪。

从中国前往日本列岛、朝鲜半岛的海上线路，被史学家视为海上丝绸之路的支线，称"东海航线"。

早在2000多年前，东海航线上就往来着很多中国、日本列岛和朝鲜半岛的商人。相传中国第一位皇帝秦始皇为求长生不老丹，曾派徐福率领童男童女和"百工"数百人东渡日本。在寻找仙丹的过程中，徐福一行传播了养蚕技术，因此日本人尊徐福为"蚕神"。公元前6年，中国的罗织物和罗织技术就已经传到日本。3世纪，中国丝织提花技术和刻版印花技术传入日本。

盛唐时期是陆上丝绸之路的黄金时代，这一时期海上丝绸之路行者寥寥，但东航海线却备极繁荣。大批日本遣唐使乘着木船横跨大洋，在中国北方的今山东省或南方的今江苏省等地登岸，再由唐帝国派人护送前往长安、洛阳等地学习先进的文化和技术。遣唐使们在中国长时间考察学习，回国后，将唐朝书法、绘画、雕塑、音乐、舞蹈、建筑等灿烂文化，经过消化改造，融入日本民族文化。

成为遣唐使是巨大的荣誉，但也意味着巨大的危险：数千千米的航行路途险恶，翻船遇难是常事。史书记载，在日本派遣唐使的200余年中，有数十次遣唐使往返，仅一次完全平安。有时唐朝廷还会派"送使"护送遣唐使回国，他们往往会在日本留下来，而日本遣唐使也会在中国久居任职，比如中日文化交流的杰出使者阿倍仲麻吕。

阿倍仲麻吕出身日本贵族，自小天资聪慧，父亲是朝廷高官。716年，19岁的阿倍仲麻吕被选为遣唐留学生。他到中国后，前往贵族子弟就读的国子监学习，学成后参加科举考试，考中进士而入仕，从负责典籍整理的低级别小官做起，一直做到高级别的文官。他仰慕中国文化，给自己改了中国名字，叫"晁衡"，还与许多中国文人成了好朋友。

753年，已经在中国居住了整整36年的阿倍仲麻吕再次请求回国，唐玄宗特许他以唐朝使者的身份，随日本访华使节乘船回国。任命一个外国人为中国使节，这在中国历史上是相当罕见的。然而，船队刚刚驶出中国东海到达琉球海域，便遇到大风暴，阿倍仲麻吕与日本使节乘坐的船与船队失散，漂至今天的越南境内。同行的100多人遇难，仅阿倍仲麻吕、日本使节等十余人侥幸逃脱。

消息传到唐朝都城长安，所有人都以为阿倍仲麻吕已经遇难，悲痛不已。阿倍仲麻吕的好友、诗仙李白写下了一首《哭晁卿衡》："日本晁卿辞帝都，征帆一片绕蓬壶。明月不归沉碧海，白云愁色满苍梧。"在这首诗中，李白把

抵达唐朝港口的日本遣唐使船队（出自日本《东征传绘卷》）。

位于陕西西安的阿倍仲麻吕纪念碑

阿倍仲麻吕比作洁白如碧的明月，他的"遇难"就如同明月落入茫茫大海之中，所以天愁人哭，万里长空的白云霎时间也变得灰暗阴沉，一片愁色笼罩着天地人间。

755年，阿倍仲麻吕历经磨难返回长安，与李白等友人重逢，喜极而泣。此后，他放弃了回国的念头，继续在唐朝朝廷为官，直到770年病逝。

后来，唐朝政局动荡，派遣唐使被迫停止，但中日贸易往来一直没有中止。中国政府在南方很多港口专设口岸，宋、元、明三朝，日本从中国输入的生丝、绢、缎、金锦等不计其数，日本出产的铜等商品也源源不断地运往中国。其间明朝政府一度禁止与日本贸易，但商人们"上有政策下有对策"，他们在起航时佯装前往马尼拉等地，到远离官府巡缉范围，就折而向东行驶，前往日本。

1683年，清朝政府开放海禁，鼓励内地商船前往东洋通商贸易。但日本幕府又进入闭关锁国的状态。在全日本当时唯一开放的港口长崎，两国贸易依然红红火火，载着中国图书、生丝、砂糖、陶瓷、中药和书画古玩等的商船前往日本，日本特产的白银、铜和海参、鲍鱼、海带等搭回程商船来到中国。虽然当时中国已经改朝换代，但在日本，中国商人的居住地仍被称为"唐馆"，中国人被称为"唐人"，足见唐朝文化对日本的影响巨大。

········ 继往开来的"一带一路"

# 伟大的共同梦想

2013年9月7日，中国国家主席习近平在出访哈萨克斯坦时提出共建丝绸之路经济带的重大倡议。2013年10月3日，他在出访东盟时，又提出共建21世纪海上丝绸之路的重大倡议。

以2013年金秋为起点，"一带一路"建设作为承载时代使命的世纪工程，掀开了世界发展进程的新一页。其中，丝绸之路经济带重点畅通中国经中亚、俄罗斯至欧洲（波罗的海）；中国经中亚、西亚至波斯湾、地中海；中国至东南亚、南亚、印度洋。21世纪海上丝绸之路重点方向是从中国沿海港口过南海到印度洋，延伸至欧洲；从中国沿海港口过南海到南太平洋。"一带一路"倡议，将构建人类命运共同体由理念变为行动，由愿景化为现实，在世界范围内广受欢迎和响应。

"一带一路"倡议源于中国，更属于世界；根植历史，更面向未来。共建"一带一路"，是各方共同打造、全球广受欢迎的公共产品。它跨越不同地域、不同发展阶段、不同文明，处处落地生根、开花结果，促进世界合作，推动全球发展。"一带一路"，赋予了古丝绸之路新的时代内涵。

很多中国企业走出国门，与合作伙伴携手共建民生工程，展示中国风采。这些企业将先进的技术和管理经验传递到了世界，设身处地地为当地着想，不计回报地传授先进技术和科学理念，大量培训专业技术人员。他们不是为了获得短期利益或高额回报，而是为当地发展规划百年大计。在亚洲、非洲、欧洲、南美洲，一个个家庭，一座座城市，因为"一带一路"，发生了巨大的变化。

十余年来，"一带一路"国际合作致力于构建以经济走廊为引领，以大通道和信息高速公路为骨架，以铁路、公路、机场、港口、管网为依托，涵盖陆、海、天、网的全球互联互通网络，有效促进了各国商品、资金、技术、人员的大流通，推动绵亘千年的古丝绸之路在新时代焕发新活力。"一带一路"倡议所提倡的"互联互通"，不仅是商业技术上的交流，更是人心相通、情意相通——这就是"共商、共建、共享"的丝路精神，这就是"人类命运共同体"的伟大情怀。

目前，全球已经有150多个国家和30多个国际组织与中国签署共建"一带一路"合作文件，成立了20多个专业领域多边合作平台，"一带一路"合作从亚欧大陆延伸到非洲和拉美，一大批标志性项目和惠民生的"小而美"项目落地生根。

"一带一路"是一条互尊互信之路，一条合作共赢之路，一条文明互鉴之路。只要各国和衷共济、相向而行，就能够谱写建设丝绸之路经济带和21世纪海上丝绸之路的新篇章，让各国人民共享"一带一路"建设成果。

## 六大经济走廊：国际经济合作的大通道

2015年3月，中国政府发布《推动共建丝绸之路经济带和21世纪海上丝绸之路的愿景与行动》，提出建设中巴、新亚欧大陆桥、中国—中南半岛、中蒙俄、中国—中亚—西亚、孟中印缅等六大国际经济合作走廊的愿景。

六大经济走廊作为"一带一路"的基本支撑框架，直接连接了俄罗斯、中亚、东南亚、南亚，贯通了东北亚、中东欧、西欧、西亚、非洲等地，并由此辐射到世界其他区域，支撑起了整个"一带一路"建设。

新亚欧大陆桥由中国东部沿海向西延伸，经中国西北地区和中亚、俄罗斯抵达中东欧。它是连接中国与欧洲经济圈的核心通道，比西伯利亚大陆桥缩短了陆上运距2000—5000公里，比海运距离缩短了上万公里。新亚欧大陆桥经济走廊最突出的建设成果当数中欧班列的开通和运

营。目前，中欧班列通达欧洲25个国家223个城市，连接
11个亚洲国家100多个城市，已成为名副其实的亚欧贸易
"黄金通道"。

中蒙俄经济走廊有两条主线路：一是从京津冀到呼
和浩特，再到蒙古国和俄罗斯；二是由大连、沈阳、长
春、哈尔滨到满洲里，再到俄罗斯赤塔。中蒙俄经济走
廊建设启动以来，中国积极与俄蒙对接，着力提高基础
设施联通性，加快建设开放平台，提升通关便利化水
平，加强医疗和教育等人文领域交流，全方位、多层次
合作取得显著成果。

中国—中亚—西亚经济走廊由新疆出发，抵达波斯
湾、地中海沿岸和阿拉伯半岛，主要涉及中亚五国和西亚
的伊朗、沙特阿拉伯、土耳其等17个国家和地区。如今，
这条经济走廊上的一系列重点项目得到实质性推进，沿线
国家和地区从能源到铁路，从园区建设到平台发展不断加

"一带一路"倡议，使得许多沉寂多年的港口获得新生。图为中哈（连云港）
物流合作基地。

强互联互通，区域合作取得了显著成效。

中国—中南半岛经济走廊是连接中国和东南亚、南亚地区的陆海经济带。它以泛亚铁路网、亚洲公路网、陆港网的东南亚地区交通物流基础设施为依托，联通中国、越南、老挝、缅甸、泰国、柬埔寨、马来西亚等国家抵达新加坡。该走廊前期在基础设施互联互通、跨境经济合作区建设等方面取得积极进展，近两年中老经济走廊和国际陆海贸易新通道建设成绩亮眼。

中巴经济走廊是共建"一带一路"的旗舰项目，在空间范围上包括中国新疆维吾尔自治区和巴基斯坦全境。自2013年启动以来，中巴两国秉持共商共建共享原则推进走廊建设，形成了一批早期收获，为巴基斯坦经济社会发展增添了新的动力，也为地区互联互通和一体化进程奠定了良好基础。中巴经济走廊已经成为中巴全天候友谊的生动诠释。

孟中印缅经济走廊是连接中国和南亚当今世界上人口最多、经济发展速度最快国家的便捷通道。这条经济走廊的建设将惠及中国西南、缅甸、孟加拉国、印度等国家和地区16亿人口，辐射东南亚和印度洋沿岸的西亚、非洲地区等22亿人口的大市场，将给沿线国家和地区的发展带来前所未有的历史机遇。目前，中缅、中孟等双边合作在诸多领域取得了丰富成果，将对促进区域互联互通和多边合作起到积极作用。

作为"一带一路"的重要组成部分，六大经济走廊建设已取得显著成效，为建立和加强各国互联互通伙伴关系、构建高效畅通的亚欧大市场，发挥了重要作用。下一步，中国将继续坚持共商共建共享原则，与共建国家加强政策、机制、项目的对接，持续打造优质的标志性工程，让合作成果更好地惠及共建国家的人民。

# 柬埔寨的新工业区：西哈努克港经济特区

曾经这里是一片荒原，丛林密布，人烟稀少。现在，这里是现代化的西哈努克港经济特区（简称"西港特区"），高楼林立，遍布着现代化的厂房。

西港特区由中柬两国企业在柬埔寨西哈努克省波雷诺县共同开发建设。2008 年西港特区动工时，时任柬埔寨王国首相洪森参加了奠基典礼。在建设过程中，他多次到特区视察，对特区发展予以高度关注。

西港特区是中国首批境外经贸合作区之一，也是柬埔寨政府批准的该国最大的经济特区。特区以纺织服装、五金机械、轻工家电为主导产业。

在 10 多年前，特区尚未建立时，这里的经济水平极低。"工作一年赚一头牛"，是当地人的人生梦想。当西港特区公司成立后，在无路、无水、无电、无网的艰苦条件下开始建设西港特区时，发现当地村民有破坏围墙、机械之类的"小动作"。仔细打听，才知道是村民担心荒地被征用以后，家里没有地方放牧，"一年一头牛"的追求可就彻底化为泡影了……"我们保证让你们三个月就能赚回一头牛！"西港特区公司的承诺掷地有声，矛盾迎刃而解。

第一批厂房建好后，特区公司兑现承诺，招聘特区所在地默德朗乡及周边乡村的村民来工厂做工人。听到这个消息，村民们穿着自己"最好的衣服"兴冲冲地来了。中方人员惊讶地发现，绝大多数人的衣服上都有破洞。于是，向新工人以及村民们捐衣服成为特区公司做的第一件实事。

从此，"有困难，找特区"成为特区周边村庄村民们的口头禅。工人们参加中国企业组织的免费技能培训，学技术、学贸易、学汉语、学英语，工资越拿越多。当地的其

柬埔寨西哈努克港特区成立后，为当地提供了大量就业机会，很多柬埔寨女孩进入特区企业工作。

他条件也在中方的帮助下越来越好。原来在摇摇欲坠的铁皮屋里的小学搬进了砖瓦房，中国员工还义务为孩子们担任教师。中国援外医疗队多次在特区开展免费医疗活动，累计诊断近万名患者，改善了当地医疗条件。

　　10多年过去，西港特区发生了翻天覆地的变化，不但实现了通路、通电、通水、通信，还拥有了上百幢厂房，配套建设了综合服务中心大楼和柬籍员工宿舍。在园区下属100多家企业工作的，有当地村民，也有来自柬埔寨全国各地的人才。很多人全家都在特区或特区的配套生活服务区工作。

　　如今，当地人的生活目标已经从"一年一头牛"上升为"有房有车"；破烂不堪的铁皮屋变成了色彩缤纷的水泥小楼；沿街是各种商品琳琅满目的商店；平整的水泥马路上，村民骑着摩托车或开着自家的汽车穿梭忙碌；无忧无虑的孩子们躺在路边吊床上，拿着平板电脑上网。

　　中国驻柬埔寨大使反复强调，不会把西港特区建造成"中国城"，而是要吸引全球企业共同发展，为全世界投资者提供便利。目前特区引入来自中国、欧美、东南亚等国家和地区的企业（机构）近190家，创造就业岗位约3万个。特区建立了"一站式"行政服务窗口，柬埔寨发展理事会、海关、劳工部、商业部和西哈努克省政府都在这里设立了代表处，所有手续都可以在特区内完成，缩短了企业办理相关文件的周期。在中方的带动下，西港特区的投资环境不断改善和提升，越来越多的企业来到这里建厂投资，这里的人民也获得了看得见、摸得着的实惠。

## 马尔代夫的第一座跨海大桥

2018年8月30日，在马尔代夫首都马累，一条连接马累岛、机场岛（瑚湖尔岛）和胡鲁马累岛3个相邻岛屿的大桥银光闪闪，宛如凌波飞扬的彩带。当地居民在桥上载歌载舞，庆祝大桥落成。时任马尔代夫总统和中国政府代表、国家国际发展合作署署长共同按下开通按钮。

这座大桥，就是21世纪海上丝绸之路的重大标志性项目，也是"一带一路"倡议率先成功实施的大型基础设施项目之———中马友谊大桥。

时任马尔代夫总统激动地说，中马友谊大桥是两国长期友好的象征，是马中友好的里程碑。感谢中国政府提供的帮助，实现了马尔代夫人民拥有跨海大桥的百年夙愿，马方愿同中方共建"一带一路"，共享发展繁荣。

早在15世纪郑和下西洋时，郑和率领的船队就曾经两度抵达马尔代夫，并描述其为"伏在水下的山脉"，记录其四面临海，岛屿不计其数。当时的马尔代夫统治者盛情款待了郑和船队，还派人跟随船队前往各地学习经商和技术。

进入21世纪，这个被誉为"上帝抛撒人间的项链"的国度，以"一岛一酒店"的高端度假方式进入中国游客视野，一时间中国游客趋之若鹜。但很多人抵达后才发现，从机场到达首都马累竟然没有桥，只能乘轮渡来往，有些岛与岛之间的交通只能依靠水上飞机，一旦天气恶劣，所有行程都会被打乱。

散居马尔代夫各岛的居民对此早已苦不堪言。跨岛上班上学正常时期仅仅需要十几分钟的轮渡路程，但遇到海上风浪，就会变成数小时，甚至被迫中断。

只用33个月就建成的中马友谊大桥，改变了这一切。

中马友谊大桥是21世纪海上丝绸之路的重大标志性项目。长达2千米的大桥开通后，形成了环马累生活和居住圈，当地交通条件得到大幅度改善。

　　来自中国的建设者们在33个月的超短工期内，在复杂的珊瑚礁地质环境下钻研最佳作业方案，在强烈涌浪条件下寻找可施工"窗口期"，在高温、高盐、高腐蚀性的环境下探索新工艺、新材料、新技术……他们克服重重困难，助力马尔代夫实现了建成跨海大桥的梦想。

　　中马友谊大桥全长2千米，设计使用寿命100年，连通马尔代夫首都马累和机场岛，同时形成环马累生活和居住圈，疏解了马累岛居住压力。游客可通过陆路实现马累与机场岛之间的快速往返，节省了50%以上的运输成本，同时外岛基本建设的经济成本和时间成本大幅度下降，居民生活也更为便利。

　　大桥通车后，当地涌现了很多"新"职业，比如双层大巴司机。首都马累原来面积较小，道路狭窄，没有公交车。大桥落成伊始，马累立即开通了23条公交线路，其中有8辆双层大巴，每20分钟一班，客流高峰时一天运送乘客7000人次。每位双层大巴司机的脸上，都洋溢着浓浓的自豪感。

　　大桥交通警察在当地也属于"新"工种，他们的工作异常忙碌。由于当地人之前不习惯红绿灯，大桥通车的前几个月，路况一塌糊涂，经过交通警察反复教导后，大家很快习惯了交通规则，一路畅通。

　　交通情况大幅改善后，相关的产业也随之迅速发展。大桥连接外岛的招牌餐厅客人猛增，居住在首都马累的居民驾车十几分钟就能过桥跨海尝鲜，打个电话还可以享受送货上门的跨岛外卖服务，这在从前不可想象；汽车多了，汽车维修业务也随之猛增，原来只有首都马累有汽车修理店，现在大桥连接的岛屿上，甚至涌现出汽车修理一条街。看到十几辆车排队待修，汽修店老板高兴极了。

# 塞尔维亚的"梦工厂"

从塞尔维亚首都贝尔格莱德出发，驱车1小时来到古城斯梅代雷沃，便可以看到这里矗立着巨大的锅炉和冷却塔。这座建成于1913年的钢厂，曾是塞尔维亚唯一一座钢厂，被称为"塞尔维亚的骄傲"，是当地人的"梦工厂"，也是斯梅代雷沃全城的大动脉。鼎盛时期，全城11万人中有近2万人直接或间接为钢厂工作，一家几代人都在钢厂就业的情形很常见。

近二三十年来，钢厂一度陷入运营危机。在2003年，钢厂卖给了一家美国企业，大家又有了希望，然而美国企业的接管并未达到预期效果。到了2012年，大多数斯梅代雷沃市民每天起床后，就要看看钢厂的烟囱是否冒烟，毕竟，全家人的温饱都与钢厂开不开工牢牢拴在一起。

2016年4月，中国河钢集团与塞尔维亚政府签约，以4600万欧元收购斯梅代雷沃钢铁厂，成立了河钢塞尔维亚有限公司。这一收购计划成为中国企业在欧洲投资的第一个大型钢铁项目。原钢厂5000多名员工全部接收，接管后的第二个月，就发放了奖金。一度迷茫的钢厂老员工，又有了新希望。

但是也有人质疑，中国人能否做好连美国人都做不好的事情？而中方管理层也因钢厂极度老化的设备而心存忐忑。经过迅速的沟通和磨合，藏在双方心中的这些疑问逐渐烟消云散。斯梅代雷沃钢铁厂的员工接受了中方的现代化设备和管理理念；而中方管理者对于当地工人使用40年前的设备也能打造出符合国际标准钢材的超高素质，更是刮目相看。

彼此敞开了心扉，双方都以极高的热忱投入崭新的工作。仅仅数月，河钢集团塞尔维亚公司就启动了第二台高炉。

钢厂高速运转起来，古城斯梅代雷沃凤凰涅槃，恢复

塞尔维亚斯梅代雷沃钢厂由中国河钢集团接管后，引入先进管理经验和技术，走上了健康发展道路。

了往日的活力。

　　钢厂再次成为当地人的骄傲。以前失业的钢厂家属因为服务业的发展，找到了新工作，钢厂直接和间接为当地提供了数万个就业机会。很多斯梅代雷沃年轻人将进入钢厂作为自己的奋斗目标，他们毕业后通过公开招聘成为"赛钢人"，为钢厂注入了更多的新鲜血液和青春活力。

　　有趣的是，近几年斯梅代雷沃市的新生儿出生率在塞尔维亚排名第一，这是因为很多钢厂员工钱包鼓了，信心足了，开始建设幸福的家庭。

　　有记者采访斯梅代雷沃市长亚斯娜·阿夫拉莫维奇："如果是10分制的话，您给河钢团队打多少分？"他的回答是："我会给他们打11分，我们就像真诚的朋友一样无话不谈，所有斯梅代雷沃人和他们都互为朋友。"市长言简意赅的评价，不正是对中国企业作出的贡献和中塞友谊的极大认可吗？

# 肯尼亚的一颗新星：蒙内铁路

2018年的中国春节，10名身穿红黄黑三色制服、系金色丝巾的肯尼亚姑娘，在央视春晚舞台上华美亮相。她们可不是职业演员，而是来自肯尼亚的蒙内铁路乘务人员。

位于东非肯尼亚的蒙巴萨港是肯尼亚第一大港口城市，也是非洲东部最大港口之一，与全球80个港口有业务往来，大部分东非货物都从这里进出。蒙巴萨和肯尼亚首都内罗毕之间的直线距离仅400多千米，却只有一条100多年前英国修建的窄轨铁路，时速仅40千米，单程就需要10—12小时。落后的基础设施，严重制约了肯尼亚的发展。

2017年5月31日，由中国路桥公司承建的蒙内铁路正式开通。它是非洲第一条采用中国技术、中国标准、中国装备制造和管理经验建设的国际干线铁路，是肯尼亚独立以来建设的最大基建项目，被称为肯尼亚的"世纪工程"。时任肯尼亚总统肯雅塔登上首班列车，并发表多篇文章分享自己的乘车体验。

蒙内铁路全长约480千米，设计客运时速120千米，货运时速80千米。从蒙巴萨到内罗毕原来十几个小时的路程，现在仅需5个小时。铁路设计之初，肯尼亚政府想要"一步到位"，建设电气化铁路，但中方经过调研认为，肯尼亚社会发展水平相对较低，更适宜先使用内燃机车，条件成熟后再逐步完成电气化改造。这个决定大幅度降低了货物运输成本，客运票价亦相当亲民，吸引了大批客流。开通几年后，项目收益已经可以返还贷款。

蒙内铁路通车的另一个优势就是带动当地就业，同时为当地培养管理人才和专业技术人才梯队。承建方中国路桥公司在铁路兴建之初，便从当地采购大量物资材料和施工设备，在正式开工后，雇用的当地工人比例更是高达92%，为当地累计创造就业岗位42000多个。

由于当地铁路技术人才有限，大批肯尼亚青年被选派赴中国学习车辆驾驶、铁路运营和乘务工作，这其中包括肯尼亚历史上首批女火车司机。同时，数十名中国高等院校教师专程来到肯尼亚对当地学员进行专业培训，为蒙内铁路可持续发展提供"造血干细胞"。

蒙内铁路全长近480千米，其中有120千米穿越察沃国家公园。每年的七八月份，这里都会有一次百万野生动物的大迁徙。为了保护野生动物，中国建设者在设计阶段就与当地动物管理保护局合作，调研铁路沿线野生动物迁徙种类和迁徙路径。蒙内铁路全线共设置大型野生动物通道14个、桥梁79座及100多处涵洞式动物通道，所有桥梁式动物通道净高均在6.5米以上，可以保障包括"高个子"长颈鹿在内的所有野生动物安全通过铁路线。

2019年9月，蒙内铁路中国运营公司组织肯尼亚马赛村小学的56名师生免费乘坐列车，体验蒙内铁路客运服务，参观客运车站。这些来自世界最贫困地区的孩子绝大多数是第一次乘坐火车，此次体验或许将会改变他们的未来。而在蒙内铁路的拉动和中国朋友的帮助之下，肯尼亚将迎来更加美好的明天。

蒙内铁路穿过肯尼亚察沃国家公园时，采用封闭式设计和高架桥方式，以便野生动物安全通过。

# 吉布提和中国的缘分

2017年，一部名为《战狼2》的电影火遍全中国，票房高达56.8亿元人民币，成为中国电影史上的票房冠军。这部影片的故事原型是中国海军在也门的撤侨行动。自2015年3月起，中国海军四次也门撤侨行动都得到了一个面积仅2.3平方千米的非洲国家的大力支持，它就是被称为"非洲之角"的吉布提。

吉布提濒临红海，与阿拉伯半岛隔海相望，是印度洋通往地中海的必经之路，也是共建21世纪海上丝绸之路的重要节点。

受人滴水之恩，理当涌泉相报。当周边局势趋于和平后，中国和吉布提携手，共同建设非洲大陆最大的自由贸易区。合作的开端，就是"水"。

吉布提是世界上最不发达的地区之一，境内沙漠和火山约占全国总面积的90%，终年炎热少雨，淡水资源非常紧缺。该地区人均可循环利用的水资源总量仅为353.4立方米/年，在所有东非国家中最低，也低于500立方米/年的国际极度缺水标准线，属于世界上最严重的缺水国家之一。

中国中地海外集团在和吉布提财政部反复调研后，提出构想：在邻国埃塞俄比亚寻找水源，跨境输送到吉布提。埃塞俄比亚地势起起伏伏，输水线路需要翻越几处高地，要把水从低处引向高处，难度极大。但中地海外集团从项目正式启动到全线通水并正式移交，仅用了800多天。300多千米的管线经历了三级提升、五级降压，面对极高的管内压力，管材从制造、运输、仓储、安装，都经过反复调试。在施工人员的不懈努力下，这个几乎"不可能的任务"终于圆满完成。

2017年6月，在跨境供水通水仪式上，时任吉布提总统盖莱发表讲话，他高度赞扬中国和埃塞俄比亚两国为吉布提国计民生作出的伟大贡献，然后亲自打开水龙头，为全国迎来了奔涌的清水。用水问题的解决，为吉布提打破了制约经济发展的桎梏。

2017年，由中企承建的吉布提多哈雷多功能港口正式启用，现已成为东非最现代化的港口之一，货物运输范围辐射整个亚洲。2018年正式商业运营的亚吉铁路是中非共建"一带一路"标志性项目，是非洲大陆第一条跨国电气化铁路，全部采用中国标准和中国装备建设而成。它将货物从吉布提港口运输到埃塞俄比亚首都亚的斯亚贝巴的时间从此前的3—7天缩短到18个小时，促进了该区域可持续发展的一体化进程。中企参与建设的吉布提国际自贸区于2018年9月正式投入使用，目前已有200余家企业进驻。自贸区是吉布提经济转型向高附加值产业迈进的重要平台，将促进吉布提的经济多元化发展。

中吉合作共建"一带一路"，给当地带来了巨大的变化，对此吉布提人深有感触。他们纷纷表示："我们与中国的合作是双赢的，我们相信10年后吉布提的变化会更让人激动。"

吉布提自贸区建成后，成为非洲目前最大的自贸区之一。

# 塔吉克斯坦首都杜尚别迎来"暖冬"

塔吉克斯坦首都杜尚别是一座坐落在群山之中的美丽城市。这里水力资源丰富，河道上一座座小型水电站错落有致。然而，这座城市里却出现了一座大型火电厂，这是为什么呢？

原来，塔吉克斯坦20世纪90年代独立后，一直依靠水力发电。夏季电力系统可正常使用，但到了秋冬，河流进入枯水期或结冰期，水电就无法正常使用。没有集中供暖，居民只能使用电暖炉等取暖，陈旧的电网不堪重负，拉闸限电是常态。大雪封山的冬日倍加寒冷，很多家庭只能全家围坐在一个微波炉大小的电暖气旁边。用电量高的工业企业在此时不得不停工停产，国家经济发展和人民生活质量都受到很大影响。

在中塔两国政府的直接推动下，中国特变电工股份有限公司与塔吉克斯坦能源部签署了建设杜尚别2号热电厂项目协议，项目总装机容量40万千瓦。这是塔吉克斯坦规模最大的热电厂，专门为杜尚别市区供电，成为城市寒冬的"生命线"。

来到塔吉克斯坦，特变电工的员工才发现，这个在中国并不算复杂的项目，在这里进行却相当艰难。由于塔吉克斯坦独立后没有建设系统的国家电网主干线，93%的国土面积又都是高山，要想建立连接南北的国家电网，需要跨越两座海拔3800米的山峰。常年冰雪覆盖的高山基本没有路，中国建设者遇山开路、遇水架桥，甚至不得不用牲畜运输大型设备。工程人员风餐露宿，条件相当艰苦，但他们没有放慢建设的进度。

构建全国电网的同时，杜尚别2号火电站的建设也在如火如荼地进行。一般来说，火电站不会建在首都附近，但因为火电站电力传输距离有限，而塔吉克斯坦又以山地为主，勘探人员反复甄选，最终在杜尚别市郊找到一块相对平坦的土地，建起火电厂。

经过持续几年的工作，建设者们克服了一个个难以想象的困难，哈萨克斯坦国家电网全线贯通，随后2号热电厂最后一台机组于2016年11月完成试运行，项目提前半年竣工。2号热电厂投入使用，年总发电量达到22亿度，可一年四季供电，供热面积超过430万平方米，可以让杜尚别70%的居民在暖和的家里过冬。这样一来，夏季水电站供电就会出现盈余，可以出口到邻国，增加该国收入。

火电站正式投入运营前，特变电工对杜尚别停用数十年的供热管道进行了全面检修和翻修，为许多居民家里装上了崭新的暖气片。很多当地百姓激动地握住中国人的手，憧憬着冬天的温暖。果然，当下一个寒风肆虐的冬天如约而至，杜尚别的大型工业企业依然灯火辉煌，机器运

转如飞；居民家里温暖如春，人们省下了大笔电费和购买电器的开销。

作为共建"一带一路"框架下的重点合作项目，杜尚别2号热电厂从建设到运营，始终遵循为当地百姓造福的原则：工程建设时期，本地工人数量始终在1000人以上；热电厂正常运营后，塔吉克斯坦方正式员工超过700人；包括保洁、厨师、安保等后勤人员在内，热电厂稳定为当地提供约1000个就业岗位。

为当地培养人才，是中国企业做的另一件大事。2号热电厂累计培养塔吉克斯坦本土技术员300多人，还分批选派250名技术骨干到中国接受系统培训，为塔吉克斯坦储备了一大批掌握大型现代化电厂电力运行、设备维护技术的专家型一线工人。因此，2号热电厂也被当地人亲切地称为"塔吉克斯坦火电工业的摇篮"。

中国企业承建的2号热电厂投入使用后，塔吉克斯坦首都杜尚别恢复了冬季供暖。

# 巴布亚新几内亚：APEC 大会东道主的故事

2018年11月17日至18日，亚太经济合作组织（APEC）第二十六次领导人非正式会议在巴布亚新几内亚举行。自从1987年加入亚太经合组织，经过了近30年，这个由600多座岛屿、1000多个部落组成的美丽国家，终于得到了一次担任东道主的机会！

这个国土面积只有46.28万平方千米的太平洋岛国，在得知自己获得这个机会后沸腾了。当地政府决心要抓住这个展现国家风采的难得历史机遇，让世界更好地了解巴布亚新几内亚。

然而，以巴布亚新几内亚的基建设施，要想承办大型国际会议并不容易。当地政府决心对首都莫尔斯比港的多

处道路进行改建，包括机场快速路，并新建一条进出APEC主会场的大道——连接议会大厦和市政主干道的独立大道。

时间紧，任务重，谁能挑起这个重担？巴布亚新几内亚政府和民众一致将目光投向了中国。

巴布亚新几内亚是太平洋岛国中首个与中方签署"一带一路"建设谅解备忘录的国家。中国交通建设集团有限公司早在2007年就已经进入巴新市场，完成了20多个基础设施项目，与当地民众建立了良好关系，获得了当地政府和民众的高度认可。

2018年11月APEC会议就要召开，但独立大道项目2018年1月才启动，当时甚至还没有设计方案。中国交通建设集团有限公司下属的中国港湾工程有限责任公司克服种种困难，仅用3个月就完成了总体设计，并调遣好人员和装备，同时进行独立大道和机场快速路施工。

巴布亚新几内亚独立大道的建成，助力第二十六次APEC领导人非正式会议顺利举行，也为巴布亚新几内亚的经济发展提供了有力支撑。图为APEC峰会主会场巴新国际会议中心。

独立大道长度1千米左右，设计为双向六车道，采用100毫米厚沥青混凝土路面，设计时速50千米，是巴布亚新几内亚标准等级最高的道路。机场快速路修缮工程则横穿莫尔斯比港市区，包括新建道路以及为原有路段加铺沥青混凝土。数千名现场工作人员不分昼夜地工作，管理人员认真监管两条线路的施工质量和进程，出现问题立即整改。终于，两条道路如愿提前竣工。

2018年11月16日，APEC会议召开的前一天，独立大道举行了隆重的开通仪式。大道两旁飘扬着中国和巴布亚新几内亚两国国旗，还有鲜红的中国结，当地人民载歌载舞，庆祝这个历史性的时刻。

来到巴布亚新几内亚并为当地作出贡献的中国企业还有很多，比如中铁建设于2008年进入巴新市场，至今已承揽大小工程20多项，包括巴布亚新几内亚最大综合性超市长青超市、地标性建筑海港写字楼、SP啤酒厂等项目，总施工面积16.8万平方米，为当地提供了数千个就业岗位。

在巴布亚新几内亚流传着一个故事：中铁建设集团有限公司在一次合作施工时，发现巴布亚新几内亚施工方使用的材料和技术较差，便立即提出改善建议，但对方却以成本有限回绝。中国管理层经过协商，直接对巴布亚新几内亚施工方提出，改用高质量的材料和技术以达到最高标准，造成的差额由中方负责承担。对方欣然接受，和中国人交好的当地员工却悄悄"埋怨"道：没见过像中国人这么"傻"的。

这种"傻"，不正是参与共建"一带一路"的中国企业的共同写照吗？

# 来到马达加斯加的"魔稻祖师"

每公顷（1公顷=0.01平方千米）产量10.8吨！这是中国农业技术人员在马达加斯加试种的5公顷杂交水稻的平均产量，是马达加斯加本地水稻产量的3.6倍。听到这个数字，当地农民难以置信，这难道是"魔稻"吗？

这个神奇数字的创造者，就是被戏称为"魔稻祖师"的中国工程院院士袁隆平。

马达加斯加是世界上除亚洲国家外生产稻谷历史最长的国家。十几年前，该国水稻平均产量仅为2.5吨/公顷，即便全国人口只有2500多万，每年还要进口20万—40万吨的大米。

2006年首届中非合作论坛上，中国承诺在非洲援建10个特色农业技术示范中心。曾多次创下水稻亩产世界纪录、被称为"中国杂交水稻之父"的袁隆平，带着他的援非杂交水稻团队，来到位于地球另一端的马达加斯加。

中国在马达加斯加等多个非洲国家培育出高产杂交水稻，有效缓解了当地粮食短缺状况。

马达加斯加是闻名全球的动物天堂，气候条件却相当复杂，近60万平方千米的国土面积上，集中了热带雨林、热带草原、热带高原、半干旱四种气候。为了培育出适应各种气候的高产水稻种子，团队技术人员几乎跑遍了马达加斯加所有的水稻种植区。当地复杂的动物品种，也让团队犯愁。青蛙在中国是水稻的益友，在这里却是水稻的天敌；喜爱在稻田里打滚的变色龙，更会压倒一大片水稻。种种难题都给袁隆平和他的团队带来了不小的挑战。

"魔稻祖师"袁隆平，没有呼风唤雨的魔法棒，却拥有精工细作、科学管理的韧性。他率领团队克服种种困难，成功培植出适合当地土壤、气候的5个高产杂交水稻品种。这也是中国首次在非洲培育出适应当地环境、气候特点并具有自主知识产权的杂交水稻种子。2017年一场大水灾，当地绝大多数水稻都倒下了，但中国技术团队培育的水稻却傲然屹立。

试种成功后，杂交水稻得到当地政府的大力认可，并很快在全国推广。杂交水稻被印上了马达加斯加面额最大的20000阿里纸钞，并被列为国家的发展国策。当地农民对杂交水稻的态度也发生了微妙的变化，从开始不相信、不理解，到直呼杂交水稻"擦拉贝"，意思是"最好的东西"。

经过十几年的努力，马达加斯加拥有了非洲面积最大的杂交水稻产区，水稻生产基本实现自给自足。很多农民种植"擦拉贝"解决温饱问题后，把多余的口粮拿到市场上销售，日子越过越红火。2017年，马达加斯加官员来到中国拜访袁隆平院士时，感激地说："中国杂交水稻在马达加斯加的种植面积越来越大，人民已基本摆脱饥饿。"

2019年，中国国家杂交水稻工程技术研究中心非洲分中心在马达加斯加成立，这是非洲第一家由企业运营的杂交水稻研究中心。中心除了培训当地农技人员，还系统地扶持当地的种子公司，让更多普通农民能买得起、用得上高产的杂交水稻种子。

中国杂交水稻的受益者不仅仅是马达加斯加，更是整个非洲。从马达加斯加，到利比里亚、塞内加尔、塞拉利昂……"魔稻祖师"袁隆平和他的团队辗转非洲多个国家，进行了无数次试种。袁隆平多次表示，要用杂交水稻造福世界各国人民，解决非洲的粮食安全问题。

# 斯里兰卡：丰收的希望

12世纪，僧伽罗国（今斯里兰卡）的波罗伽罗摩巴忽大帝曾说过，不要让一滴雨水在被用于农业灌溉前白白流入湖海。能否留住当年雨季的雨水，决定了第二年的收成。从那时起，斯里兰卡的各个王朝都把治水蓄水当作重点工程。在斯里兰卡最古老、最丰饶的农业产区延河流域，建设了大大小小数百个水库，周边农民也早已掌握了一年三季的水稻种植技术。

然而，20世纪末，斯里兰卡政府军和反政府的猛虎组织爆发了长达26年的内战，延河流域成为主战场，当地基础设施破坏严重，水资源极度匮乏。旱季时，居民不仅缺乏灌溉用水，而且严重缺乏日常饮用水。内战结束后，百废待兴的斯里兰卡决定修复延河流域的水利工程，专业程度高、信誉好的中国企业，成为他们的首选。

延河是一条季节性河流，雨季时水量较大，雨水通过支流全部流走，而旱季时却几乎干涸。2011年，中工国际工程股份有限公司与斯里兰卡灌溉和水资源管理部合作，决定在延河流域兴建拦河大坝，以把雨季多余的雨水"存"起来，在旱季使用。

对于中工国际工程股份有限公司来说，这项工程技术难度并不高，可以轻轻松松地兴建一个国内常见的混凝土大坝。然而，考虑到斯里兰卡内战后，国家满目疮痍、亟待发展经济的现实，高性价比才是第一着眼点。他们经过反复调研计算，规划延河大坝的坝顶宽6米，坝底宽100多米，面对大坝蓄水后的37米水位，兴建普通的夯土坝体已经足够牢固，这样成本仅为修建混凝土大坝成本的10%。

"他们（中工国际工程股份有限公司）特别能站在业主的角度来考虑问题，努力寻找性价比最高的设计方案，帮助业主节省经费。而'中国速度'更是其他国家难以超越

斯里兰卡最古老、最丰饶的农业产区延河流域，在中国企业建成延河大坝后，焕发了新的生机。

的优势。"斯里兰卡灌溉和水资源管理部官员如是说。

事实确实如此。2015年2月，延河项目正式开工。在斯里兰卡，建设这样一座大坝通常要10年，而中国企业签署的合同规定工期为4年，这已经是斯里兰卡历史上最快的水利工程建设速度。但中国和斯里兰卡两国工程技术人员克服了项目范围大、地质情况复杂、交通条件落后等施工难点，仅用3年多就保质保量地完成了任务。

气势恢宏的延河大坝，主坝长2.34千米，4座副坝总长3.56千米，水库容量1.69亿立方米。整座大坝利用地形修建了5座坝体，中间以山相连，形成总长为5.9千米的大坝。从此，沿线7000公顷农作物灌溉问题得到解决，8325公顷耕地具备了旱季复种条件，7000个农民家庭直接受益，新增3000个农业就业机会。

"果然是中国速度！"当地农民纷纷称赞。大坝建成后，周边百姓家中可实现24小时供水，而灌溉用水更可保证一年三至四季的种植，当地农民再也不用为粮食问题发愁，还可以种植其他粮食作物和发展渔业。高质量的水利工程，基本上消除了连年发生的洪涝及山体滑坡灾害对农业生产和当地民生的严重影响，造福广大斯里兰卡人民。

# 莱索托的牛羊吃上了"中国草"

"有人说她是野草，有人说她是生命，她是食物，她是药物，她是希望之物……"

这是一首由莱索托女性菌菇合作社自创的民歌，歌唱的正是中国无偿援助的"神奇植物"——菌草。

莱索托是被南非环绕的国中之国，东部为海拔1800—3000米的山地，北部是高达3000米的高原，西部为丘陵，沿西部边界有一条宽约40千米的狭长低地，全国70%的人口集中于此。莱索托220多万国民中有一半生活在贫困线以下，经济主要靠传统农牧业支撑。如何让牛羊吃到美味饲料、养得膘肥体壮，是国家发展的重中之重。

2006年，中国和莱索托两国政府签订协议，在莱索托开展菌草技术合作项目，由福建农林大学负责实施。2007年底，1万平方米的菌草技术示范基地在莱索托开业，实现菌草种植、加工、食用菌栽培各环节全面落地。

然而，刚刚接触这种陌生的植物，当地牧民都半信半疑。很多人都是先要来一些草种，在试验田种了几亩。几个月后，菌草生长茂盛，郁郁葱葱，耐水耐旱，长期困扰莱索托的饲料短缺问题终于可以得到解决。

为了让菌草快速应用在当地的生产中，中国多次派专家赴莱索托，建立由菌草粉碎机房、生产车间、食用菌栽培棚、菌草草圃和实验室组成的菌草示范技术基地，建成一条包括菌种原种、灭菌、日产3000个菌袋、年产逾百万菌袋的菌草生产线。

菌草技术的关键优势在于生长期短、获利快且不污染环境，菌草既是畜牧用的饲料，又是培育蘑菇的基料，有效地解决了农耕与畜牧争夺土地的矛盾。放牧的男人精心呵护牛羊的时候，在家中辛勤工作的女人们成立了菌菇

中国在非洲十余个国家建立了菌草基地，神奇的"中国草"让当地很多家庭获得了丰厚收入。

合作社，每天只要花费少许时间，就可以按照中国专家手把手教授的方法，用菌草种植当地高档超市才能见到的食材——蘑菇。这既不耽误她们的日常工作，又为她们增加了收入。

有人算过一笔账，以菌草种蘑菇，投资少、见效快，7—10天即可收回菌袋成本。一个季度可收获300公斤鲜蘑菇，一年的收入相当于当地国营企业员工的工资，双管齐下极大改善了当地牧民的生活，很多牧民家庭短时间内便得以脱贫。因为价格昂贵，当地人没有吃蘑菇的习惯，种植量增多后，越来越多的家庭开始尝试享用这种美味食品。

牛羊有了充足饲料，家庭餐桌更加丰富，菌草真是"万能的宝贝"。当地人给它起了五花八门的名字：致富草、幸运草，等等，但最受欢迎的名字，还是"中国草"。

如今，菌草技术通过国际合作，已传播到"一带一路"沿线的众多国家，并被列为中国—联合国和平与发展基金项目。

## 沃尔沃和吉利的牵手

2019年7月4日，190辆"中国造"沃尔沃汽车搭乘中欧班列长安号，从中国西安港始发，一路向西，跨越9783公里，历时18天，抵达比利时根特北海港。此次出口的首趟整车专列共载有190辆中国制造的沃尔沃XC60，它们将从比利时分拨至德国、法国、瑞士、意大利、英国等25个欧洲国家。沃尔沃作为中国汽车史上首家出口欧美市场的豪华汽车品牌，产品已出口至全球70个国家，出口率近40%。

1927年诞生于瑞典的老牌汽车沃尔沃，曾在豪华汽车市场中名列前茅，在安全、健康和环保等领域尤其引人注目。人类汽车史中有近一半的安全技术由沃尔沃研发，其中包括大名鼎鼎的三点式安全带、笼式车身、后向式儿童安全座椅等。沃尔沃经典车型S80获得各国皇室成员、政

要的青睐，成为豪华汽车的同义语。

　　然而，到20世纪末，沃尔沃的销量严重下滑，负债增加。21世纪初，来自中国的吉利控股集团最终以18亿美元的价格达成收购协议。中国的"新企业"，能够管理好一个欧洲"老企业"，并且扭亏为盈吗？沃尔沃从高层到员工，心里都忐忑不安。

　　吉利控股对沃尔沃的问题进行了深入研究，接手后，按照股东大会、董事会、经营管理三层的治理架构，组建沃尔沃汽车董事会。新的董事会有13名成员，分别来自中国、瑞典、奥地利、丹麦、德国等国家，涉及汽车、物流、财务管理等不同领域，实现了国际化人才与瑞典本地人才相结合的模式，变成了一个全球化的董事会。但同时，沃尔沃仍然是自主管理，"吉利是吉利，沃尔沃是沃尔沃"。

沃尔沃和吉利联手，沃尔沃汽车销量激增，一次次打破全球销售纪录。

改组后的沃尔沃拥有了在世界腾飞的翅膀。在吉利控股的充分支持下，沃尔沃汽车公司投资110亿美元用于SPA（Scalable Product Architecture, 可扩展整车平台架构）等核心技术研发，成为瑞典工业领域有史以来规模最大的投资项目之一。

自此，中国成为沃尔沃牢固的"大后方"。2011年，沃尔沃汽车集团中国区成立，沃尔沃汽车成都工厂奠基。2013年8月28日，沃尔沃汽车成都工厂落成，第四季度开始量产。2014年，沃尔沃汽车全球销量累计达465866辆，首次刷新自2007年以来的年度销售纪录。在欧洲经济不景气的情况下，比利时沃尔沃根特工厂不但没有裁减员工，还为当地增加了不少就业岗位。

在"一带一路"的许多项目合作中，都是当地员工来中国培训，但这次不同：吉利控股虽然收购了沃尔沃，仍然尊其为"老大哥"，请资深欧洲汽车技术人才到中国"传道受业解惑"。

位于中国东北地区的黑龙江省大庆市原来是老旧的"石油城"，沃尔沃工厂进驻后，这里成为崭新的"汽车城"。早在大庆沃尔沃汽车工厂建设期间，拥有数十年经验的比利时、瑞典高级管理者和专家就已经和本地专业人才开展紧密合作。工厂投入使用以后，由沃尔沃总部派遣的欧洲籍高管担任厂长，核心班组长前往欧洲接受培训，直至熟悉并精通"沃尔沃汽车生产制造体系"，回国后，以再培训的方式传授给其他成员。

如今，沃尔沃斥重金研发的SPA平台，已在大庆投入使用，平均每3分钟就能生产一台沃尔沃豪华轿车，完成了"中国制造，全球品质"。"一带一路"，使中国和欧洲的技术合作实现"双赢"，让沃尔沃和吉利控股彼此成就、相互受益。

# "北电南送"：巴西的"电力搬运"

请你打开中国地图估量，如果兴建一条从中国西北部青海省西宁市到东南部福建省厦门市的电网，相当于"雄鸡"的"绶带"，距离有多长？试想其建设难度有多大？

全长2000多千米，这是不可能完成的任务，你也许会说。

但是，中国国家电网就做到了，而且，不是在天时地利人和的祖国，而是在地球的另一端，古代陆上和海上丝绸之路均未直达的南美洲国家——巴西。

巴西的水力资源分布极不均衡，亚马孙河具有丰富的水力资源，但是位于巴西北部，而巴西东南部才是全国人口和企业的集中地。中国国家电网下属的巴西控股公司承接的美丽山水电站（装机容量1100万千瓦）的 ±800千伏特高压直流输电工程，是美洲第一条特高压直流输电线路。该工程全长2518千米，最终目的就是将巴西北部丰沛的水电资源，安全高效地输送到东南部的负荷中心，满足1800万人口的用电需求。

将北部美丽山的电输送到人口密集的东南部地区，需要跨越巴西4个州、66个城市、200多条河流，以及120余条已经在运行的输电线路。项目又要经过生态体系复杂多变的亚马孙雨林地区，这里往往一棵树上就附生着数十种植物，很多稀缺的物种甚至需要进行移植。

于是，中国国家电网先后聘请了400多人次的动植物专家、社会及环保专家，实施全过程管理。专家团队发现并保护动植物1700余种，最终提交的环境调查报告和环境影响评估报告达56卷，发现需要挖掘保护的遗址50处，教堂、古代庄园等遗址627处。

但当基本问题解决后，新问题又出现了：巴西技术专

中国企业承接全长2000千米的巴西"北电南送"任务后，遇山开路，遇水架桥，注重保护动植物资源和人文古迹，顺利完成工程，使巴西成为美洲第一个拥有特高压直流输电技术的国家。

家并不认可中国方面的施工。经过反复分析，原因找到了：30年前，巴西的直流600千伏是当时世界上运行的最高电压等级，在电工领域，他们有很多专家是全世界的"师傅"。然而现在中国技术迎头赶上，"徒弟"超过"师傅"获得中标权，还用新标准提要求，"师傅"不配合是可以理解的。

事实胜于雄辩。中国国家电网巴西控股公司的专家邀请巴西电力领域、监管机构的专家到中国考察已经建成的项目。通过一次次参观学习和理论研究，巴西技术专家心服口服，认可了"后来居上"的中国特高压技术成熟的运维经验，以及"长距离、大容量、低损耗"的巨大优势。

美丽山项目是巴西规模最大的输电工程，中方累计在巴西投资近50亿雷亚尔（约合100亿元人民币）。项目积极带动巴西当地能源、电工装备、原材料等上下游产业的发展，为当地创造了超过4万个就业岗位和40亿雷亚尔（约合80亿元人民币）的税收。

2019年10月25日，美丽山水电站正式投入运行。在这个工程的另一端，巴西东南部里约热内卢的马累社区贫民窟内，有一群孩子也在欢呼雀跃。中国国家电网巴西控股公司在进行水电站建设工程的同时，还开展了资助这里的孩子完成普及音乐教育的公益项目。如今，累计已有超过6000多名孩子从中受益。孩子们组成的乐团曾应邀为出访巴西的中国国家领导人演出，并且受邀为梵蒂冈教皇演出。

积极承担社会责任、真诚回报当地，中国国家电网巴西控股公司打消了无数巴西人的疑虑，成为当地最受尊重的企业之一。

# 埃塞俄比亚的 "北京医院"

在埃塞俄比亚首都亚的斯亚贝巴近郊，有一座设备先进、技术精良的医院：提露内丝—北京医院。提露内丝是埃塞俄比亚运动员，曾获得2008年北京奥运会长跑冠军，而与之联名的"北京医院"，标志着这家医院与中国的缘分。这是一家由中国政府全资修建，90%以上的医疗设备由中国捐赠的医院。这里的中医中心也是全非洲最强大的中医中心。

自从1963年向阿尔及利亚派出第一支医疗队以来，中国对非洲国家的医疗援助已有60余年。"一带一路"倡议提出后，中国政府决定在非洲援建数十家大型医院，提露内丝—北京医院就是其中之一。除了提供最先进的设备，中国还会按期派遣三级甲等医院的高水平医生组成医疗队，前往埃塞俄比亚。

埃塞俄比亚实行转诊制度，病人要先在基层医院就诊，确定基层医院水平有限无法治疗后才会转到条件较好的上级医院。因此，到提露内丝—北京医院就诊的患者，除少数急诊患者外，都要有下级医院开的转诊单。由于提露内丝—北京医院设备好、技术好，中国医生口碑好，当地的很多患者想尽办法转诊到这里，医院百余张病床天天爆满，需要做手术的病人等一个月才能住院是常事。即使如愿以偿得到中国医生主刀手术的机会，也很可能在术后3天就要办理出院。医院产科是最受欢迎的科室，很多埃塞俄比亚新生命，由中国医生温暖的大手，接到这个美丽的世界。

埃塞俄比亚作为非洲最贫穷的国家之一和共建"一带一路"的重要地区，经常有中国工程队不远万里到此进行建设。因此保证同胞们的身体健康也是援外医疗队队员的重要任务之一。只要略有闲暇，他们就会前往位置偏远的

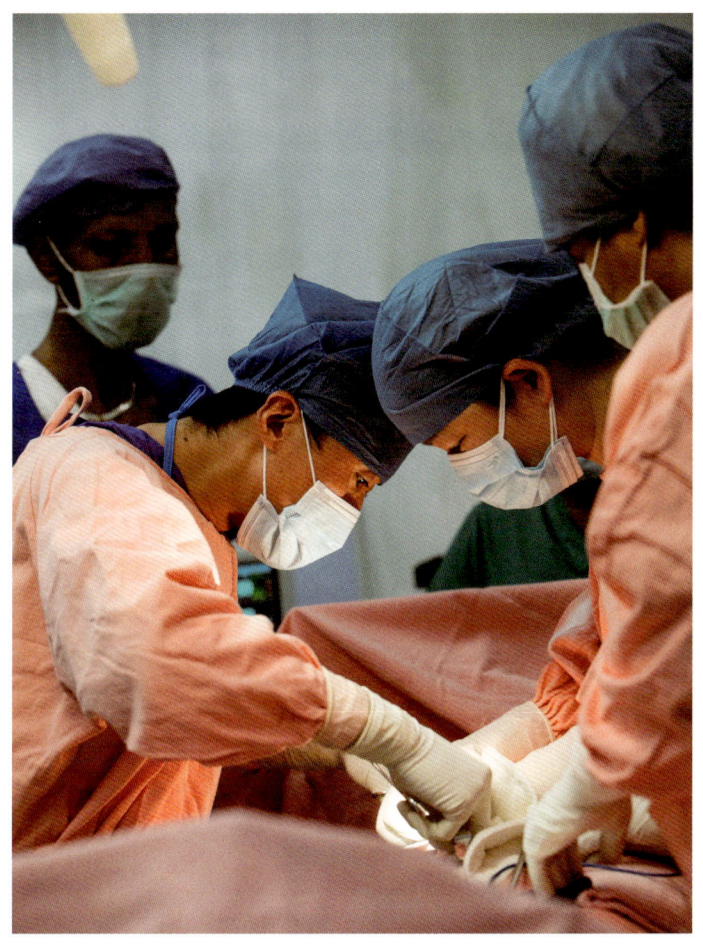

60余年来，中国医生前仆后继，用时间乃至生命，换来了埃塞俄比亚医疗水平的不断提高。同时，他们传承接力，培养了一批又一批当地优秀医生，成为"带不走的医疗队"。

中国企业工地进行义诊，给企业员工做全面健康体检并提供医疗咨询服务。对于听到消息前来就医、咨询的当地居民，他们也一视同仁，尽可能给予帮助和治疗。

提露内丝—北京医院的设备和药品在埃塞俄比亚数一数二，但和中国国内大医院相比，条件仍有很大差距，特别是在做手术的时候体现得尤为突出。包括艾滋病在内的数十种恶性疾病，都是手术安全的定时炸弹；同时，如果医护人员工作时防护稍有不慎出现小外伤，就有可能被感染。

但即使出现了有可能被感染的情况，中国医生在接受反复排查、面临巨大心理压力时，仍然坚守岗位。因为他们知道，少一位中国医生，就会有很多当地患者失去救治的机会。然而，医疗队力量毕竟有限，如何为更多当地患者提供医疗服务呢？

2017年8月1日，在中国援助埃塞俄比亚医疗队的对口单位——河南省人民医院的努力下，援助埃塞俄比亚病理远程会诊中心正式上线。治疗时出现疑难病例，埃塞俄比亚医生会随时将病理数据上传至系统平台，邀请河南省人民医院病理专家会诊指导。这种远程会诊的方式极大提升了效率，也解决了当地医疗机构病理诊断能力严重不足的问题。

60多年来，中国先后有51位援非医疗队员长眠在非洲大地上。被称为"中国白求恩"的中国援助埃塞俄比亚医疗队队长梅庚年的墓地便位于埃塞俄比亚境内，当地居民两代人为其义务守墓40余年，提露内丝—北京医院的中国医疗队队员也经常前往祭扫。几十年传承接力，"不畏艰苦、甘于奉献、救死扶伤、大爱无疆"的中国医疗队精神，在非洲大地绽放出无数绚丽的花朵。

# 中国制造助推伊朗地铁

2005年3月，德黑兰地铁5号线开通，时任伊朗总统哈塔米亲自出席了开通仪式。2015年1月19日，时任伊朗总统鲁哈尼在伊朗外交部长扎里夫等高级官员陪同下乘地铁上班，以响应"全国空气洁净日"。快捷环保的地铁，成为被堵车困扰的德黑兰人的出行首选。

伊朗首都德黑兰集中了伊朗全国1/6的人口，人口数量高达1100万。在车辆容纳能力不足100万辆的路上，行驶着300多万辆小汽车，交通堵塞严重。德黑兰地铁是中东首个地铁项目，早在20世纪70年代就开始规划，由法国企业建造。

然而，不久后伊朗面对的国际环境发生改变，西方世界开始了名目繁多的"制裁"，法国企业撤出，地铁建设一拖再拖。直到1998年，中国铁路工程总公司接手，采用国际化铁路标准运作，1999年德黑兰首条地铁线路建成运营。现在，德黑兰地铁项目已经被伊朗政府命名为"总统一号工程"，德黑兰地铁1、2、3、4、5号线均由中国企业承建，构成当地庞大的地铁交通网。

1998年，德黑兰首条地铁线路建设时，90%的电气化专用器材和设备以及电力机车、双层客车等均为中国制造，是当时中国最大的成套设备出口项目。建设后面的几条地铁线路时，中国企业本可以继续从中国进口机车，简单轻松，又有较高利润。但如果这样，伊朗人就无法掌握地铁车厢制造技术，更谈不上自主制造。

早在2003年，中国企业就在伊朗提出"引进技术、当地制造"策略，长春轨道客车股份有限公司与伊朗德黑兰城郊铁路公司、伊朗格林普乐工业集团共同投资兴建了德黑兰车辆制造公司，这是伊朗极少数具有批量组装生产地铁车辆能力的现代化企业之一。当地1000余名员工，一半

德黑兰地铁的员工都曾前往中国基地进行培训，再回国建造自己的地铁。

员工从事车辆生产，另一半员工从事地铁车辆的维护和维修工作。合资后，车厢制造在沿用中国技术的前提下，根据伊朗当地文化理念进行了调整，如车头车尾特意安排了女性车厢，更加符合当地人民的实际需求。

长春轨道客车股份有限公司在德黑兰车辆制造公司仅持股20%，却先后派出多批高级工程师前往伊朗培训员工；涉及较复杂的程序时，还会让伊朗员工前往中国制造基地进行培训。如地铁空调布线系统要求严格，误差不能超过2毫米，难度很大。为此，伊朗员工来到中国，先后进行了两次为期30天的培训，直到经考核熟练掌握技术后，才回国投入工作。他们和全厂同事一起，为参与"中国指导、伊朗建设"的地铁而骄傲。

如今，德黑兰地铁不仅仅是交通工具，还是当地文化展示厅。独具特色的装饰设计取材于当地历史文化，闪耀着波斯文化和伊斯兰文化的璀璨光芒。中伊两国人民的深情厚谊融入德黑兰地铁中，在如交通主动脉一般的轨道交通网中奔流不息。

# 首钢秘铁:从先行者到引路人

2019年,秘鲁能矿部下发批文,同意首钢秘鲁铁矿股份有限公司1000万吨扩建项目转入正式生产运营。

首钢秘鲁铁矿股份有限公司1000万吨精矿扩建项目是中秘产能合作的重要成果,也是"一带一路"落地拉美的第一个项目。早在1992年,首钢集团便购买了秘鲁铁矿公司98.52%的股份及其所属670.7平方千米矿区的永久开采权、勘探权和经营权。1000万吨精矿扩建项目建成后,首钢秘鲁铁矿股份有限公司年产能可达2000万吨以上,成为首钢集团海外发展战略的重要支撑点。

首钢秘铁是"一带一路"落户拉美的第一个项目,历经周折,开辟多条生产线,还带动引导诸多中国企业进入拉美市场,完成了从"先行者"到"引路人"的转变。

这片矿区地处秘鲁伊卡省纳斯卡市马尔科纳区安第斯造山带中北段的西翼，北距首都利马530千米，矿石品质非常好，但周围环境非常荒凉。中国职工戏称道，如果拍摄外星球科幻电影，完全可以在此取景。

尽管工作条件和生活条件极其艰苦，30多年前，首钢人作为中国企业走出国门的先行者，还是格外珍惜这个机会。他们按传统思维，带着170人的庞大团队来了，连最小的单位"班组"，都由中国人担任负责人。然而事与愿违，虽然中方员工努力工作，双方语言文化和价值观的矛盾却日益凸显，劳资矛盾尖锐，最困难的时候，企业亏损严重，近乎停产，首钢集团一度计划放弃该项目。

就这样认输，灰溜溜地回国了吗？首钢集团不甘心，穷则思变，他们开始了该项目的"自救"。

首钢集团撤回了大部分"自带"员工，采取"当地人管理当地人"策略，将部分高层和各部门副主管等职务交由秘鲁人担任；而从首钢总部来的管理人员，也要求掌握流利的外语，与当地员工交朋友。这几年，首钢秘鲁铁矿股份有限公司在册人员近2000人，首钢总公司派驻的中方员工仅几十人。自主管理很快激发了当地人的工作积极性，工作效率得到很大提高。首钢集团再根据秘鲁的实际情况，拓宽思路，打开国际市场，很快扭亏为赢。

不仅如此，首钢集团还完成了从"先行者"到"引路人"的彻底转变。获得成功经验后，首钢集团致力于为"中国制造"落户秘鲁铺路搭桥，让众多中国企业得以"借船出海"，成功进入南美洲市场。"一带一路"倡议提出后，走遍全世界的中国企业，更是把首钢"当地人管理当地人"的管理模式作为样板推广。

如今，在距矿山不远的圣尼古拉斯港，每天都异常繁忙：传输皮带上，铁矿粉如黑色长龙般隆隆向前，进入中国货轮。数十天后，一艘满载16万吨铁矿粉的远洋货轮将穿越浩瀚太平洋，抵达首钢集团京唐公司钢铁厂。经过加工后，再运往世界各地。

首钢秘鲁铁矿股份有限公司的成就，获得了秘鲁政府的充分肯定和更多的政策扶持。铁矿开采改造升级和增建扩建的一系列配套设施，给当地人带来了更多就业机会。秘鲁籍员工都知道，普通矿工的收入是该地区平均工资的两倍，高管家庭还可以住进企业提供的免费公寓，只要认真工作，就有机会得到晋升。过去简陋的矿山生活区，已变成一座拥有数十万人口的小城市，新楼越盖越多，道路越修越宽，家家户户都用上了中国企业引的水、接的电、拉通的网络。

首钢秘鲁铁矿股份有限公司的标志，是铁矿所在地重大考古发现的代表图案——蜂鸟，这正浓缩了中国企业和秘鲁社会30多年来相互融合的发展历程。

# 德国杜伊斯堡：中欧班列带来的华丽转身

位于德国西部北威州的杜伊斯堡，曾是德国钢铁、煤炭和化学工业中心，然而重工业的衰退对这座城市造成了巨大冲击。工厂倒闭，大批工人失业，城市面临转型的瓶颈。

然而，向哪方面转型呢？当杜伊斯堡市政府彷徨之际，中国提出了"一带一路"倡议。思维敏锐的杜伊斯堡市政府立即意识到，要利用得天独厚的地理优势，抓住发展机遇，改变城市未来。

杜伊斯堡港位于鲁尔河和欧洲最重要的河流——莱茵河的交叉口，附近高速公路四通八达，德国第三大机场——杜塞尔多夫机场距离港口只有20分钟车程。有人说，如果你到了杜伊斯堡港，你就到了欧洲的所有地方。如果把这里建成欧洲重要交通物流枢纽，岂不是个好主意？

于是，杜伊斯堡成为欧洲最早响应"一带一路"倡议的城市之一。2011年3月，首列中欧班列从中国西南地区的直辖市重庆驶出，一路西行，跨越1万千米亚欧大陆，来到杜伊斯堡。中欧班列是指按照固定车次、线路等条件开行，往来于中国与欧洲及"一带一路"沿线各国的集装箱国际铁路联运班列，至今已拥有50余条线路。其中最重要的一条线路，就是从德国的杜伊斯堡或汉堡驶出，往东经过波兰、白俄罗斯、俄罗斯和哈萨克斯坦，然后从新疆维吾尔自治区进入中国内地。

从此，这座老城市注入了新活力。仅中欧班列开行之初的2016年，运行在中国和杜伊斯堡之间的班列就占了全部1700列班列的一半多。数不胜数的车辆、汽车配件、化工原材料、纺织五金、IT产品等货物在新亚欧大陆桥上来往穿梭：欧洲货物在杜伊斯堡装载完成后，只要经过

德国小城杜伊斯堡是欧洲最早响应"一带一路"倡议的城市之一。图为中欧班列抵达杜伊斯堡。

15天，就可以到达中国武汉的吴家山铁路中心完成分发工作，这比传统海运节省了一半时间，比空运节省了大量运费；而中国货物到达杜伊斯堡后，仅需48小时，就可以通过海、陆、空的国际多式联运，到达欧洲各国。

仅仅数年，就有大量中国企业在杜伊斯堡港区设立欧洲分公司，中国货物乘中欧班列到达后，可以直接在此开展销售。中国电商平台也纷纷进驻，发展仓储物流。原来失业的当地工人走进了港口。仅2017年，每周就约有25列班列往来于中国与杜伊斯堡港，年运送标准集装箱超10万个。杜伊斯堡港的45000个工作岗位都直接或间接与港口有关。有一段时期，因为港口发展速度太快，运输量跟不上，货车司机成为抢手职位，当地把原有的货车司机岗位由数百名拓展到近千名。

到2023年底，中欧班列在中国境内开行城市已达112个，到达欧洲25个国家的217个城市，凭借"更加快捷、有效和可靠"的运输服务，在中欧物流货运领域取得一席之地。"一带一路"倡议，像一把幸运的钥匙，为沿线更多的"杜伊斯堡"打开崭新大门。

# 瓜达尔港：荒漠变身国际港

2016年11月13日，巴基斯坦中资港口瓜达尔港正式开航，时任巴基斯坦总理谢里夫、陆军参谋长拉希勒和中国驻巴基斯坦大使等人见证了首批中国商船从瓜达尔港出海。这次开航，距2015年"中巴经济走廊"启动，仅仅过去一年时间。

濒临阿拉伯海的瓜达尔港拥有水深、距离主航道近、不堵港等天然优势，是印度洋的咽喉，亦是"中巴经济走廊"的南端起点。1958年，巴基斯坦政府耗资300万英镑从阿曼政府手里把瓜达尔港买过来。2007年，瓜达尔港交由新加坡国际港务公司管理运营和维护发展，但历经5年，因为基础设施薄弱，仍然没有一艘商船光顾。直到2013年初，瓜达尔港的运营权移交给中国海外港口控股有限公司。

中方企业接手时瓜达尔港仍然十分荒凉，绝大多数地方是大片的荒漠。有人戏称，乘飞机来到这里，在跑道突然出现在舷窗下的前一秒钟，都还以为飞机将会降落在沙漠中。在荒漠和大海的交界，散落着几个贫穷的小渔村，村民们祖祖辈辈靠打鱼为生。

从零开始，要有水，要有路，要有电……建设瓜达尔港的挑战之大，显而易见。面对困难，中国海外港口控股有限公司一步一个脚印，逐步修复瓜达尔港供水、供电、港机、仓库和监控系统，又开通了前往中国、中东和非洲的固定航线。到2016年，瓜达尔港已经完全具备集装箱、散货、滚装货物处理能力。企业高管密集考察，项目陆续开工，概念不断创新，过去的荒漠和渔村逐步成为备受瞩目的国际化港口和投资乐园。

瓜达尔港的发展，吸引了巴基斯坦及世界各地投资者的目光，从首都卡拉奇到瓜达尔港的航班，每天一班仍一票难求；当地土地价格也飙升了十几倍；曾经门可罗雀、

瓜达尔港被称为"中巴经济走廊的璀璨明珠"。

几近倒闭的酒店，如今常常爆满。

巴基斯坦民众没有吃海鲜的习惯，高品质海鲜因为物流落后无法转化成生产力。2016年，来自中国新疆维吾尔自治区的宇飞国际渔业有限公司在瓜达尔港落户，先后投入5亿多元，建成深海捕捞、海产加工、冷库仓储等基础配套设施。来自瓜达尔港的龙虾、石斑鱼等深海海鲜，最快只需34个小时就能抵达新疆多座城市。中国"离海最远"的内陆省区新疆的城市居民吃到了高性价比的肥美海鲜，瓜达尔港的渔民收入增加，生活条件改善，彼此"双赢"。

面对生活翻天覆地的变化，纯朴的瓜达尔港居民看在眼里、记在心里。在当地，流传着这样一句话："只有把瓜达尔港交给中国人经营，才能给我们的命运带来转变。"有位年过花甲的老人，他全家有10口人，生活并不富裕，但听说中方要在当地兴建学校，便毫不犹豫地把自己一块近千平方米的土地无偿捐献出来。对此，老人的个别亲戚颇有微词，认为瓜达尔地价飞速上涨，无偿捐地太吃亏，但老人执着地表示，为"一带一路"作贡献，是他应该做的事。

# 结语："一带一路"，让中国梦与世界梦相连

穿越两千余年历史的丝绸之路，因"一带一路"倡议而重获新生。2016年11月，第71届联合国大会首次将"一带一路"倡议写入决议，获得193个会员国一致赞同。

共建"一带一路"倡议，将中国谋求和平、发展、富强的信息传递到不同民族、不同文化、不同发展水平的国家。越来越多的中国企业沿着"一带一路"走向世界逐梦；越来越多的外国企业和民众，也在以前所未有的热情，共同建设"一带一路"。这一国际合作新平台，成为中国梦和世界梦对接的起点。

"一带一路"像一条纽带，将中国人民和世界人民连在一起，了解彼此的梦想。中国的发展离不开世界，世界的发展也离不开中国。中国人民张开双臂欢迎各国人民搭乘中国发展的"快车""便车"。在共建"一带一路"的大背景下，一系列"中国智造"正逐步融入沿线国家民众的日常生活，为解决民生难题贡献中国方案。在创新驱动下，越来越多的中外企业在"一带一路"提供的平台上逐梦，为这条互尊互信之路、合作共赢之路、文明互鉴之路不断注入新动能。

如果说古代丝绸之路给后人留下的最宝贵遗产是伟大的丝路精神，那么，政治上讲信修睦、经济上合作共赢、安全上守望相助、文化上心心相印、对外关系上开放包容的"人类命运共同体"，则是"一带一路"建设最核心的价值理念和终极目标。

正如"一带一路"倡议的提出者——中国国家主席习近平所说，让和平的薪火代代相传，让发展的动力源源不断，让文明的光芒熠熠生辉，是各国人民的期待。

独行快，众行远。面对滚滚向前的时代大潮，“一带一路”建设乘势而上、顺势而为，造福人民、造福世界。中国同各国在相遇相知、共同发展之路上携手奋斗，一定能够创造出“人类命运共同体”的光明未来。